AF456091

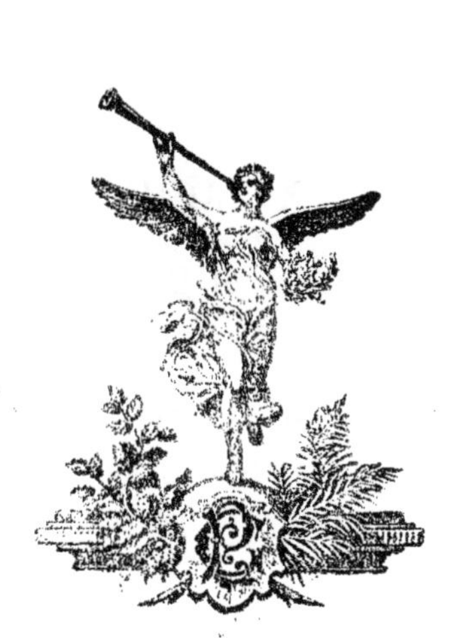

TABLEAUX MODERNES

Aquarelles et Dessins

OBJETS D'ART ET D'AMEUBLEMENT

DU XVIIIe SIÈCLE

PARIS. — IMPRIMERIE GEORGES PETIT
12, RUE GODOT-DE-MAUROI, 12

CATALOGUE

DES

Tableaux Modernes

PAR

CÉZANNE, COURBET, DELACROIX
MANET, MONET, RENOIR, SISLEY, TASSAERT

AQUARELLES & DESSINS

OBJETS D'ART ET D'AMEUBLEMENT

ANCIENNES PORCELAINES TENDRES DE SÈVRES

Porcelaines et Faïences diverses — Orfèvrerie

PENDULES ET BRONZES DU XVIIIe SIÈCLE

SIÈGES ET MEUBLES

DES ÉPOQUES LOUIS XV ET LOUIS XVI

DONT LA VENTE, PAR SUITE DU DÉCÈS DE Mme Vve CHOCQUET, AURA LIEU

GALERIE GEORGES PETIT, 8, rue de Sèze, à Paris

Les Samedi 1er, Lundi 3 et Mardi 4 Juillet 1899

A DEUX HEURES

EXPOSITIONS

PARTICULIÈRE : *Le Jeudi 29 Juin 1899, de 1 heure à 6 heures.*
PUBLIQUE : *Le Vendredi 30 Juin 1899, de 1 heure à 6 heures.*

Le présent Catalogue se trouve :

CHEZ LES COMMISSAIRES-PRISEURS

Me PAUL AULARD
6, rue Saint-Marc, 6

Me P. CHEVALLIER
10, rue Grange-Batelière, 10

Me L. BRIÈRE
4, rue Richer, 4

ET CHEZ LES EXPERTS

M. GEORGES PETIT
12, rue Godot-de-Mauroi, 12

MM. MANNHEIM
7, rue Saint-Georges, 7

CONDITIONS DE LA VENTE

Elle sera faite expressément au comptant.

Les acquéreurs paieront *cinq pour cent* en sus des adjudications.

L'Exposition mettant le public à même de se rendre compte de l'état et de la nature des objets, il ne sera admis aucune réclamation une fois l'adjudication prononcée.

Paris. — Imprimerie Georges Petit, 12, rue Godot-de-Mauroi. — 7991-99.

M. CHOCQUET

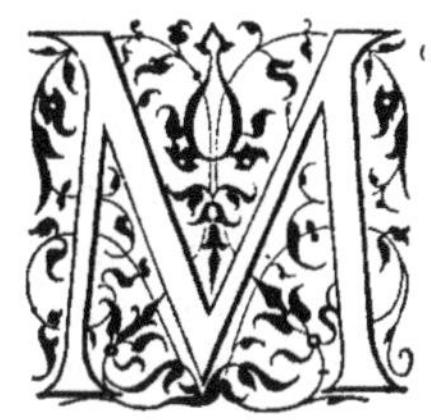

ONSIEUR CHOCQUET a été un admirateur de la première heure des peintres impressionnistes. A l'époque qui paraît aujourd'hui si lointaine — tant le goût et les jugements ont changé — où les peintres impressionnistes débutaient au milieu des railleries, M. Chocquet s'était personnellement senti séduit par eux. Il était allé à eux sans attendre, à la première vue de leurs œuvres.

Il ne s'était point trouvé riche en entrant dans la vie. Il avait dû, pour vivre, devenir employé au Ministère des Finances.

Il habitait, après 1870, un petit appartement au haut d'une maison de la rue de Rivoli, ayant vue sur le jardin des Tuileries. Ce logis était tout rempli de vieux meubles, et de dessins et de tableaux bordés de jolis cadres en bois sculpté. On y reconnaissait le raffinement de l'homme de goût qui, sans avoir beaucoup d'argent à dépenser, sait, à force de recherches et de persévérance, se composer un intérieur adapté à sa manière d'être.

M. Chocquet, dans sa jeunesse, s'était épris de la peinture de Delacroix. Au moment où Delacroix était encore généralement dédaigné, il avait donc pu acquérir un ensemble de ses œuvres. L'homme qui avait si bien commencé, en allant d'instinct à Delacroix, est ensuite allé de même, d'instinct, aux impressionnistes. Il les aimait tous, mais les trois pour lesquels il avait eu surtout un goût d'élection, qui était devenu la source d'un chaud dévouement, étaient Mme Berthe Morizot, Renoir et Cézanne.

Il fallait le voir, au premier rang, toutes les fois que les impressionnistes trouvaient occasion de montrer leurs œuvres au public, aux expositions ou aux ventes. Il devenait une sorte d'apôtre. Il prenait, les uns après les autres, les visiteurs qu'il connaissait et s'insinuait auprès de beaucoup d'autres, pour chercher à les pénétrer de sa conviction et leur faire partager son admiration et son plaisir. C'était un rôle ingrat à cette époque des débuts, car on ne recueillait guère que des sourires ou des railleries. Le public avait alors son siège fait ; il blâmait toujours, avant même de regarder. M. Chocquet ne se rebutait point. Je me rappelle l'avoir vu s'efforcer de gagner ainsi les critiques connus, tels qu'Albert Wolff et des artistes hostiles, venus par simple esprit de dénigrement.

C'était, vers 1878, un homme maigre et élancé, avec un front découvert, sur lequel se relevaient des cheveux blancs. Il était d'une politesse parfaite et d'une grande modestie.

Il n'émettait jamais son opinion qu'avec simplicité et dans

les formes les plus déférentes. De la sorte, il avait réussi à se faire écouter par beaucoup de gens qui, à cette époque, n'eussent toléré d'aucun autre l'éloge des peintres de la nouvelle école. On ne pouvait s'empêcher de se laisser captiver par cet homme si courtois, si modeste, et qui cependant trouvait des accents chaleureux pour faire valoir des considérations désintéressées sur les choses d'art et soutenir de jeunes artistes, alors presque universellement combattus.

M. Chocquet s'était fait ainsi un renom et lorsqu'il apparaissait, on se plaisait à l'attaquer sur son sujet favori. Il était toujours prêt. Il avait toujours le mot, lorsqu'il s'agissait des peintres ses amis. Il était surtout infatigable au sujet de Cézanne, qu'il mettait au tout premier rang. Et comme la peinture de Cézanne, par son côté de grandeur et de tragédie, était précisément celle qui excitait alors le plus d'opposition, beaucoup s'amusaient de l'enthousiasme de M. Chocquet, qui leur paraissait quelque chose comme une douce folie.

Parmi le groupe d'amateurs, d'amis, de critiques, que les impressionnistes avaient, après quelques années, réuni autour d'eux, M. Chocquet jouissait d'une affection générale. Sa figure bienveillante, sa foi communicative, son ardeur de propagande, en faisaient l'homme que tous aimaient à rencontrer.

La fortune lui échut sur le tard. L'employé du Ministère des Finances devint, par héritage, propriétaire d'une maison à Paris et de terres en Normandie. Il n'en éprouva aucune joie. Il était trop vieux pour changer son genre de vie. Il avait perdu une fille unique encore jeune. Il ne s'était jamais consolé de ce malheur, et la fortune, dont il ne savait que faire et qu'il n'avait plus l'espoir de laisser à un des siens, lui parut sans charmes. Il a continué à vivre jusqu'à la fin, modeste dans ses habitudes et épris surtout des choses d'art.

Tous ceux qui ont connu M. Chocquet, aiment à se le rappeler. Et je suis personnellement reconnaissant de l'occasion qui m'est ici donnée, d'évoquer, pour ses vieux amis, la physionomie de cet homme si bon, d'un goût si sûr et si délicat.

THÉODORE DURET.

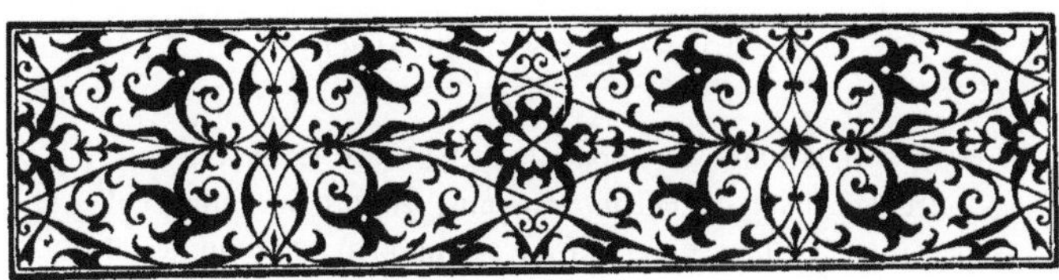

LA
COLLECTION CHOCQUET

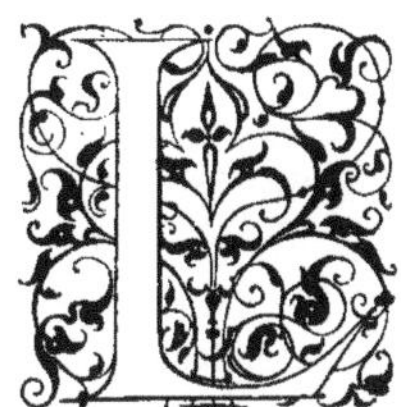'un des plus ardents et plus éloquents défenseurs de l'école impressionniste, M. Théodore Duret, vient de dire, avec son cœur, ce que fut M. Chocquet, quel charme se dégageait de sa conversation, de son goût, de sa foi dans les artistes auxquels il s'attachait d'étroite et dévouée affection : j'ai, à mon tour, le devoir d'examiner ce qu'est la collection laissée par lui. Je le ferai rapidement, parce que les pages qui vont suivre diront mieux, avec chaque œuvre, quelle fut l'intelligence singulièrement élevée de cet homme, qui eut l'amour le plus désintéressé de l'art, et l'amour, poussé jusqu'à les entourer de coquetterie, des œuvres qu'il avait été assez heureux pour découvrir et installer dans son petit musée.

C'est, en effet, dans des cadres de bois sculpté, — ces encadrements que les amateurs se disputent à coup de billets de banque — qu'il a placé la plupart de ses tableaux, les uns célèbres, les autres émanant de talents inconnus, ignorés ou oubliés ; il voulait que les tableaux se trouvassent bien chez lui, et il leur eût dit volontiers, comme certain collectionneur que je connais : « Bonjour, mes amis, » le matin en s'éveillant ; et en s'endormant, le soir : « Mes bons amis, je vous remercie. »

Il a connu en effet d'énormes joies, le *père Chocquet* ; et l'on ne peut pas prétendre qu'il n'ait pas professé l'éclectisme le plus libéral, puisqu'on trouve dans sa collection, à côté d'œuvres de début de Delacroix, des œuvres de la maturité de Cézanne. Il faut remarquer, cependant, que sa compréhension spéciale de l'art ne s'est pas égarée sur beaucoup de peintres : on sent le chercheur dans les œuvres réunies et dans les noms voulus : ce sont Delacroix, Tassaert, Courbet, Renoir, Manet, Claude Monet, Cézanne.

Ce n'est certainement pas par un simple effet du hasard, que l'on peut étudier, en cette collection célèbre d'ailleurs auprès des amateurs, la manifestation du génie de Delacroix à toutes les époques de sa carrière : on n'y rencontre pas seulement le grand romantique qui rayonne d'une magnifique clarté sur l'École de 1830 ; on l'y voit apparaître également comme copiste, comme portraitiste, comme animalier, comme peintre de nature morte, comme paysagiste et comme illustrateur. Si M. Chocquet, qui défendait Delacroix de son admiration, susceptible de s'affirmer par des sacrifices, à un moment où Delacroix était encore attaqué par les pontifes de la tradition, si M. Chocquet a voulu prouver que son peintre préféré avait en lui le frisson qui passe dans les œuvres éternelles, il y a pleinement réussi. Parmi tous les morceaux de Delacroix qui sont ici catalogués, tableaux, esquisses, études, qu'il s'agisse de peinture, d'aquarelles ou de dessins, il n'y a rien d'indifférent; on s'étonne devant les uns, on salue les autres comme de vieilles connaissances et l'on va de l'un à l'autre, attiré, retenu, fasciné, et l'on admire : il y a là du métal précieux et de la menue monnaie, mais chez un artiste de l'envergure de Delacroix, la menue monnaie présente un extraordinaire intérêt de curiosité. Les Delacroix de la collection Chocquet! Beaucoup de gens en parlent de confiance, avec enthousiasme, sans les connaître; je gage que parmi ces thuriféraires, il y aura des déceptions; mais tous les délicats seront ravis devant ces morceaux de haut goût, devant cette sélection de l'œuvre d'un grand artiste, sélection qui suit pas à pas sa vie, marquant ses étapes de génie, depuis les bégaiements de l'éclosion, jusqu'aux heures de la pleine maturité.

* * *

Tassaert! Plus j'étudie ce peintre, plus je comprends la tendresse que Chocquet eut pour lui, plus je sens qu'à mesure que le souvenir de l'homme s'efface ou tout au moins s'éloigne, l'artiste grandit dans l'estime où les connaisseurs se plaisent à tenir son œuvre. Je me rappelle cependant qu'il y a quelque quinze ans, la majeure partie du public traitait Tassaert d'*inconnu*.

Inconnu n'est peut-être pas le mot juste. On savait qu'un certain Tassaert peignait des choses tristes; on savait que sa vie privée n'était pas exemplaire; on savait qu'arrivé à l'âge de soixante-quatorze ans, ce peintre, le *père Octave*, comme on l'appelait dans le quartier du Maine, — son quartier de prédilection, — ce peintre, dégoûté de la vie, dégoûté surtout de sa solitude et de sa pauvreté, s'était asphyxié. Or si l'opinion était à ce point injuste envers Tassaert, c'est que ceux qui avaient mission de parler de lui s'étaient égarés dans les détails biographiques sur des faits que M. Chocquet, lui, avait le bon goût d'ignorer, et auxquels d'autres, avec moins de tact, s'étaient attachés.

Eh bien, je le demande à tous ceux qui ont l'amour sain de l'art, qu'importe que Tassaert ait aimé presser la main caleuse des rouliers et des maçons, s'il sait, quand il couche une Vénus ou une Léda sur le vert tapis des mousses, réchauffer d'un bel éclat de lumière la blancheur de leurs chairs nacrées ? Que m'importe que son pinceau ait commis des écarts d'un naturalisme outré, écarts qui ne me sont pas montrés, quand il déchire pour nous un coin du ciel bleu où une sœur de charité, délicieuse de candeur chaste et de mysticisme enthousiaste, écoute, pour sa suprême récompense, la divine symphonie du chœur des chérubins ? Que m'importe l'ouvrier, en un mot, si l'œuvre est belle.

L'œuvre de Tassaert est belle, en effet, et cependant le succès lui fit défaut de son vivant. On a dit : Tassaert manquait de gaieté, et le public n'aime pas les choses tristes. Oui, le public bourgeois, le public repu, le public dépourvu de tout sentiment artistique, et qui veut trouver partout à rire, dans son contentement de bête satisfaite. Mais le public, qui a l'esprit ouvert à la compréhension du grand art, le public qui a le goût formé par une longue pratique de ce qui est le beau, et pour qui seul les artistes doivent travailler, ce public-là demande à l'art autre chose qu'un éclat de rire.

D'autre part, il fut convenu, un temps, que Tassaert était trop humble pour être goûté. Et cependant on s'arrache ses tableaux, ses esquisses, ses dessins. C'est que le *Peintre de la misère* est un coloriste puissant, j'ajouterai personnel. Alors, comment se fait-il qu'il soit resté jusqu'à la fin dénué de tout? Comment se fait-il qu'au moment où de jeunes débutants, n'ayant encore donné que des espérances douteuses, s'enfermaient comme des dieux dans de somptueux hôtels, il ne se soit trouvé personne pour tendre la main à ce vieillard qu'abritait un misérable taudis.

Eh! oui! c'était un ivrogne, et on lui fait un crime d'avoir bu du gros bleu.

Et quand bien même l'alcoolisme serait sans excuse, n'eût-il pas été humain de retenir celui qui y était enclin sur une pente au bout de laquelle se trouvait la chute fatale? Dans chaque ivrogne il y a un malade. Or quel malade n'a pas droit à la commisération de tous? Pour quel malade, quelque incurable qu'il soit, ne peut-on plus trouver de soulagements?

Et lorsque le malade est un artiste, c'est-à-dire une nature d'élite, quelle belle œuvre à accomplir que de le tirer de son abaissement! A quoi bon attendre la mort, le suicide de l'homme, pour reconnaître sa valeur, pour admirer ce qu'il a créé. Mais voilà bien ce qui se passe toujours : le public pousse les médiocres et les encense, la mode se prend et la réputation s'établit. Le vrai talent, lui, excite la jalousie et rencontre partout une sourde hostilité.

Quoi d'étonnant alors qu'un être qui possédait une sensibilité essentiellement délicate, et sentait en lui une étrange activité d'intelligence, abandonnât sa matière à de faciles excès!

La déplorable histoire de ce pauvre *père Octave* contient un grave enseignement. Voir en pleine fin du XIXe siècle un artiste, un grand artiste, tomber dans la misère, c'est une honte pour ceux qui le coudoyaient et s'obstinaient à ne pas entendre la voix éloquente des Chocquet, des Bruyas, des Alexandre Dumas fils, qui eux savaient reconnaître son incontestable valeur.

Pauvre *père Octave !* que tant de ses contemporains laissèrent de côté, que tant de biographes oublièrent volontairement. Et pourtant la justice est plus forte que la malignité humaine : on ne se souvient plus de l'homme, et l'artiste, ainsi que je le disais plus haut, ira dans un sillon de gloire sans cesse élargi ; son art vrai, encore que romantique à la façon dont Lamennais l'était lui-même, son art empreint d'une touchante sincérité, dépourvu, à mon avis, de cette *sentimentalité de couturière* qu'on lui reproche, original par sa composition et aussi par ses inégalités, son art le place au premier rang parmi les coloristes de notre école : personne, mieux que lui, n'a donné l'effet en pleine pâte, et peu de peintres sont arrivés à sa perfection dans la justesse des lumières et l'éclat charmant des chairs.

Voilà pourquoi j'ai voulu saluer ce nom qui doit nous être doublement cher, puisqu'il nous rappelle à la fois un grand talent et une grande détresse ; et si je me suis laissé aller à parler du peintre des deux sœurs de charité, plus longuement que je ne l'eusse dû, peut-être, c'est qu'il m'a semblé qu'en agissant ainsi, je continuais, pour un instant, le patient apostolat dont M. Chocquet avait été le généreux initiateur.

Et j'arrive aux Courbet de la collection. Certes, depuis quelques années, les amateurs se sont montrés quelque peu réfractaires à l'expression robuste, mais très marquée d'époque, et parfois lourde et vulgaire du peintre d'Ornans ; on n'a pas à craindre des déceptions de cet ordre dans la collection Chocquet. C'est le même choix heureux qui s'exerce, et les morceaux ici catalogués ont une étrange saveur de fruit délicieusement mûr :

les arbres aux frondaisons touffues, dans des forêts qui n'ont rien de mystérieux, et doivent retentir des joyeuses chansons des merles et des grisettes, y sont aussi beaux, que belles sont les chairs de cette femme surprise dans l'intimité d'une heure de caresse, et dont la pudeur, pudeur complaisante, j'en conviens, a juste la mesure qu'il faut pour ne pas se confondre avec ce qui ne serait que la grimace de la pudeur ; il ne faut pas demander à Courbet une spéculation idéaliste, il est fruste dans la nature fruste ; il est comme un arbre à la sève débordante, et la franchise de son tempérament, qui s'exprime avec quelque brutalité, a cette poésie spéciale qui émane de l'évolution non contrariée, de l'évolution sincère et libre, sans hypocrisie.

Il a aimé et traduit la vie, non pas pour les entités psychologiques, que son analyse peut provoquer, mais pour les actes même où elle puise son renouvellement et son éternité.

* * *

A un moment de sa chasse patiente au morceau d'art précieux, M. Chocquet rencontra sur sa route, vers 1871, l'Impressionnisme, qui errait l'âme en peine ; et l'Impressionnisme, trouvant une oreille attentive, lui conta son odyssée :

« Partout on me raille, partout on me repousse, partout on veut nier mon effort, on veut méconnaître mes conquêtes, on veut fermer les yeux à la vérité que je montre. Ceux qui sont mes disciples préférés ont beau peindre avec de la lumière, on leur refuse la lumière ; ils enveloppent leurs paysages d'une atmosphère où l'air vibre et transparaît, et l'on refuse d'y venir respirer ; ils mettent à la surface de l'eau, fleuve ou mer, le frisson qui joue avec les regards du ciel, ou le spasme brodant la crête des vagues d'une écume qui a la blancheur fugitive de la réalité, et on refuse d'aimer leurs rivières et de se laisser émouvoir à leurs marines. Et cependant Manet, Renoir, Monet, Sisley, Cézanne, sont des maîtres, à l'originalité définie, à l'audace magnifiquement expressive, à la volonté réfléchie de se hausser hors des traditions stationnaires. »

Et M. Chocquet retrouva devant ses révolutionnaires le bel enthousiasme qui l'avait enflammé trente ans auparavant pour Delacroix combattu et Tassaert méprisé ; et il ouvrit toute grande la porte de son foyer à Manet, à Monet, à Renoir, à Cézanne, à Mlle Berthe Morizot, et à d'autres encore. On verra de Manet des œuvres étonnantes de sensation aiguë, telles que les ***Paveurs de la rue de Berne***, ***Monet dans son atelier***, et des fleurs, des fleurs comme il savait les interpréter ; on verra de Renoir des chefs-d'œuvre dans lesquels sa maîtrise s'exprime avec une extraordinaire mesure d'art, et une mesure non moins extraordinaire de séduction. Je laisse de côté son ***Moulin de la Galette***, qui est une toile célèbre, et je m'arrête par exemple, soit devant la jeune femme assise au cabaret, à ***Bougival***, ou la petite ***Nymphe assise au bord de la mer*** : ce sont là, très différentes d'inspiration, deux perles rares, deux œuvres d'une enchanteresse simplicité d'imagination et d'une exécution qui ravit ; dans un siècle, on ne discutera pas l'éloge à ces morceaux-là ; on les classera parmi les glorieuses reliques que l'art a semées à travers les siècles, pour se hausser hors du temps et appartenir à tous les temps.

On verra de Monet, à côté de ***Bateaux de pêche***, de date très ancienne, des œuvres telles que ***la Prairie***, ***la Meule***, ***Falaise à Varengeville***, etc., qui expliquent pourquoi le maître est aujourd'hui célèbre ; on verra des Cézanne d'une crânerie exaspérée, des Cézanne auxquels avait été conquis M. Chocquet, par le père Tanguy, un autre apôtre convaincu, qui d'ailleurs ne recueillit guère de son apostolat qu'une misère, supportée d'ailleurs avec beaucoup de philosophie et de courage.

On voudrait pouvoir passer en revue un à un tous les artistes représentés dans cette collection des plus remarquables, collection formée par un homme bienveillant et généreux, qui ne se laissait pas rebuter par l'ironie de ses contemporains, et voyait ses tableaux, et ses dessins, dans l'avenir. On devra même examiner attentivement les petites toiles non signées, qui font partie de la collection et que M. Chocquet regardait d'un œil également attendri : se sont toujours d'exquis régals de couleurs : fleurs délicates, écloses un jour d'inspiration, sous le pinceau d'artistes qui ne devaient pas arriver à la notoriété, et que M. Chocquet essaya tout au moins de défendre de l'oubli.

Qu'on ne s'y trompe donc pas, la collection Chocquet, par son ensemble où se révèle l'une des expressions les plus pures de ce que doit être un amateur intelligent et volontaire, est digne de la célébrité qu'on lui accorde depuis longtemps, et sa dispersion, en faisant bien des heureux, nous aura permis de saluer une dernière fois, avant le long silence d'éternité, la mémoire de l'homme éminemment bon et du fin connaisseur qui l'avait réunie. »

L. Roger-Milès.

TABLEAUX

CÉZANNE

1 — *Mardi-Gras.*

Arlequin, vêtu de rouge et de noir, la batte sous le bras droit, des gants noirs à la main gauche, le bicorne en bataille, marche fièrement.

Derrière lui, Pierrot, en veine d'espièglerie, est en train de préparer une niche à ce camarade.

Tous deux, qui n'ont revêtu sans doute cet accoutrement qu'à la faveur des jours gras, ont bien la physionomie des déguisés, à qui s'applique tout spécialement le vieux dicton que l'habit ne fait pas le moine.

Derrière eux il y a des rideaux de tapisserie, dont l'un est relevé.

Cadre en bois sculpté.

Toile. H t., 1 m. 02 ; larg., 75 cent.

CÉZANNE

2 — *La Méditerranée.*

A droite, les maisons à toiture de tuiles rouges sont étagées sur la falaise, parmi la verdure des frondaisons d'été.

A gauche, la mer bleue, sous un ciel d'azur: au fond, la côte que dominent les falaises.

Signé à droite, en bas.

Toile. Haut., 42 cent.; larg., 58 cent. 1/2.

CÉZANNE

3 — *Été.*

A travers les branches, on aperçoit les constructions, dont le soleil caresse la muraille.

Au-devant de la maison coiffée de tuiles rouges, le sol est tout paré d'herbe verte.

Toile. Haut., 65 cent.; larg., 81 cent.

CÉZANNE

4 — *Au fond du ravin.*

Dans l'escarpement des roches, les arbustes ont poussé quand même et la vie s'exprime dans ce coin de nature, au milieu des déchirements.

Ciel gris ennuagé.

Toile. Haut., 73 cent.; larg., 53 cent. 1/2.

CÉZANNE

5 — *Auvers, vu des environs.*

Dans l'écartement des grands arbres, on aperçoit au loin, disposées en amphithéâtre, les maisons du village aux toitures rouges ; le ciel est gris et nuageux.

Signé à droite, en bas.

Toile. Haut., 59 cent.; larg., 49 cent. 1/2.

CÉZANNE

6 — *Auvers.*

Sur la pente douce d'une colline, les maisons étagées de plusieurs hameaux et des parties de terrains aux cultures diverses.

Ciel gris, ennuagé de blanc.

Signé à gauche, en bas.

Toile. Haut., 45 cent. 1/2 ; larg., 54 cent. 1/2.

CÉZANNE

7 — *En sortant d'Auvers.*

A gauche, un pré, planté de quelques grands arbres ; à droite, dans sa ceinture de murs, des constructions coiffées de tuiles, et au fond, une colline, dont la crête apparait dans l'éloignement.

Signé à gauche, en bas.

Toile. Haut., 48 cent. 1/2 ; larg., 64 cent. 1/2.

CÉZANNE

8 — *Le Petit Pont.*

Au milieu de la forêt, un pont de pierre dont le tablier est fait de poutres de bois; le ruisseau réfléchit les arches et les verdures, en des miroitements d'une intense vérité.

Toile. Haut., 59 cent. 1/2; larg., 72 cent.

CÉZANNE

9 — *Un Coin de bois.*

Une pente douce : un sol chauve de verdure, et planté de grands arbres; et à droite, plus loin, dans la vallée, les maisons d'un hameau.

A travers les branches à demi dépouillées, on apercoit le ciel gris.

Signé à droite, en bas.

Toile. Haut., 65 cent.; larg., 54 cent.

CÉZANNE

10 — *Un Pré.*

Un pré planté d'arbres, puis, de l'autre côté d'un talus, une chaumière: à gauche, un mur éclairé de soleil : à droite, d'autres prés également plantés d'arbres, et d'autres masures.

Toile. Haut., 60 cent. 1/2; larg., 50 cent.

CÉZANNE

11 — *L'Été.*

Un pré à l'herbe tendre et claire, telle qu'en un matin de mai. Et, à demi cachée par une haie de buissons, une chaumière, dont la toiture apparait à peine, sous l'épaisse frondaison des branches, qui forment une voûte de verdure, protectrice de l'ombre.

Toile. Haut., 48 cent. 1/2 ; larg., 63 cent.

CÉZANNE

12 — *Une Ferme, à Auvers.*

Un pré vert : des arbres touffus et, au fond, à demi cachées, les constructions d'une ferme.

Toile. Haut., 49 cent.; larg., 65 cent.

CÉZANNE

13 — *Fleurs et Fruits.*

Sur une table, un pot contenant des fleurs, et au hasard, trois fruits.

Toile. Haut., 58 cent. 1/2 ; larg., 41 cent. 1/2.

CÉZANNE

14 — *La Route.*

Une route marquée par une double rangée d'arbres ; puis un mur, puis, sur un terrain plus élevé, un groupement de maisons, toiturées de tuiles rouges.

Les arbres tendent leurs branches aux feuilles blondes, sous le ciel gris où se devine une profondeur d'azur.

Signé à gauche, en bas.

Toile. Haut., 47 cent.; larg., 63 cent.

CÉZANNE

15 — *Les Petites Maisons d'Auvers.*

A mi-côte d'une colline aux cultures variées, trois petites maisons, dont les branches des arbres cachent une partie.

Au-dessus de l'horizon, un ciel bleu.

Signé à gauche, en bas.

Toile. Haut., 39 cent. 1/2; larg., 54 cent.

CÉZANNE

16 — *La Barrière.*

Un pré dont la limite est signifiée par une barrière de bois ; plus loin, les maisons d'un village, maisons de brique coiffées de tuiles brunes ; et, plus loin encore, une colline dont la crête boisée se dessine sur le ciel gris.

Signé à droite, en bas.

Toile. Haut., 44 cent. 1/2; larg., 34 cent. 1/2.

CÉZANNE

17 — *Un Dessert.*

Sur une commode en partie couverte par une nappe, une carafe en grès, une flûte à champagne, un coing, des pommes, un couteau, et d'autres fruits dans une faïence.

Signé à droite, en bas : *P. Cézanne.*

Toile. Haut., 60 cent.; larg., 73 cent.

CÉZANNE

18 — *La fontaine.*

Dessus de porte.

Toile. Haut., 30 cent.; larg., 1 m. 24 1/2.

CÉZANNE

19 — *Nymphes au bord de la mer.*

Dessus de porte.

Toile. Haut., 29 cent. 1/2; larg., 1 m. 24 1/2.

CÉZANNE

20 — *Fleurs dans un vase.*

Signé à droite, en bas.

Toile. Haut., 59 cent.; larg., 48 cent.

CÉZANNE

21 — *Fleurs épanouies.*

Cadre en bois sculpté.

Toile. Haut., 49 cent. ; larg., 37 cent.

CÉZANNE

22 — *Les Pêcheurs.*

Signé à droite, en bas.

Haut., 55 cent. ; larg., 81 cent.

CÉZANNE

23 — *Le Ruisseau.*

Signé à droite, en bas.

Haut., 16 cent.; larg., 22 cent.

CÉZANNE

24 — *Naïades.*

Signé à gauche, en bas.

Toile. Haut., 19 cent.; larg., 22 cent.

CÉZANNE

25 — *Petite Ville sur la falaise.*

Cadre en bois sculpté.

Toile. Haut., 17 cent.; larg., 24 cent.

CÉZANNE

26 — *Tigre.*

Signé à droite, en bas.

Toile. Haut., 28 cent.; larg., 37 cent.

CÉZANNE

27 — *La Baigneuse.*

Signé en bas, à gauche.

Toile. Haut., 33 cent. 1/2; larg., 42 cent.

CÉZANNE

28 — *Chemin à l'entrée de la forêt.*

Toile. Haut., 55 cent.; larg., 45 cent. 1/2.

CÉZANNE

29 — *Fleurs.*

Signé à gauche, en bas.

Toile. Haut., 54 cent. 1/2; larg., 46 cent.

CÉZANNE

30 — *Pommes et gâteaux.*

Sur une console, un compotier rempli de pommes, une assiette de gâteaux et quelques pommes et poires.

Signé à gauche, en bas.

Toile. Haut., 45 cent. 1/2; larg., 55 cent. 1/2.

CÉZANNE

31 — *Fruits.*

Sur une table de cuisine, en partie caché par une nappe, un plat rempli de pommes, un sucrier et une poire.

Signé à droite, en bas.

Toile. Haut., 45 cent. 1/2; larg., 55 cent.

COROT

(CAMILLE)

32 — *Prairie à la lisière d'un bois.*

Signé à gauche, en bas.

Toile. Haut., 18 cent.; larg., 36 cent.

COURBET

(G.)

33 — *Marée basse.*

Sur la plage aux galets rugueux, les barques de pêche sont retirées ; à gauche, la vague déferle, roulant de l'écume ; au loin, sous le ciel dont une brume masque le fond d'azur, le soleil, presque couché, laisse sur l'horizon une longue clarté fauve ; des barques de pêche, des voiles gonflées, regagnent lentement le port, dont on aperçoit, à droite, la forêt de mâts aux cordages enchevêtrés.

Signé à gauche, en bas.

Toile. Haut., 36 cent.; larg., 44 cent.

COURBET

(G.)

34 — *Les gros Chênes.*

A gauche, on aperçoit un étang, à la surface duquel des vapeurs montent, matinales et fugitives; à droite, la forêt, sur un sol dont la pente s'accentue lentement : de grands arbres, aux troncs puissants, dressent leur stature de géants et portent à leurs branches des frondaisons déjà rouillées.

Près de l'étang, l'écartement des branches permet au soleil de filtrer à travers les feuilles moins denses et, sur l'écorce des troncs, quelques lueurs blondes viennent s'inscrire.

A gauche, au fond, de l'autre côté de l'étang, la forêt s'épaissit, sous le ciel, dont on découvre un coin d'azur que masquent des nuages partiellement.

Cadre en bois sculpté.

Toile. Haut., 63 cent.; larg., 79 cent.

COURBET

(G.)

35 — *Intimité.*

Elle est assise dans un fauteuil rouge, et, d'une main prête à céder, essaie de retenir sur sa gorge plantureuse le tissu complaisant de sa chemise.

Elle incline la tête vers l'épaule gauche et sourit; ses cheveux châtains commencent à se dénouer.

Signé à gauche, en bas.

Cadre en bois sculpté.

Toile. Haut., 59 cent. ; larg., 50 cent.

COURBET

(G.)

36 — *L'Hiver.*

L'hiver, dans la forêt; les pins aux branches dépouillées, sont brodés de diamants: sur le sol en pente, sur les roches, formant de naturels degrés, la neige est tombée, blanche et silencieuse: et, dans la profondeur, il semble qu'on va voir apparaître quelque mauvais génie de la tempête et de la misère.

Signé à droite, en bas.

Toile. Haut., 73 cent.; larg., 54 cent.

COURBET

(G.)

37 — *Portrait d'homme.*

Vu de face, jusqu'à mi-corps, en chemise, le col détaché et retenu par une cravate noire. Cheveux noirs, barbe châtain clair.

Signé à gauche, en bas.

Cadre en bois sculpté.

Toile. Haut., 54 cent.; larg., 39 cent.

COURBET

(G.)

38 — *Arbres au bord de l'eau.*

Signé à gauche : *G. C. (1862).*

Toile. Haut., 52 cent.; larg., 41 cent.

COURBET

(G.)

39 — *Le Passage du gué.*

Signé à gauche, en bas : *G. C.*

Toile. Haut., 26 cent. 1/2 ; larg., 22 cent.

COURBET

(G.)

40 — *La Mare dans la forêt.*

Signé à gauche, en bas.

Cadre en bois sculpté.

Toile. Haut., 58 cent. ; larg., 38 cent.

DAUMIER

41 — *La Becquée.*

Tous deux, le père et le fils, ont trouvé un nid d'oiseaux, et le fils leur donne la becquée.

Tous deux sont vus jusqu'à mi-corps.

Signé à droite, en bas : *H. D.*

Cadre en bois sculpté.

Panneau. Haut., 21 cent. ; larg., 30 cent.

DEHODENCQ

42 — *Arabe assis.*

Vêtu d'un costume rouge et d'un burnous blanc, il est assis, de profil : un pied posé sur une roche, le coude appuyé au genou, la main pendante. Au fond, une mosquée et, vers la droite, deux palmiers que le soleil couchant dore de lueurs jaunes.

Ciel bleu profond.

Toile. Haut., 38 cent. ; larg., 30 cent.

DEHODENCQ

43 — *L'Enfant prodigue.*

Il est tombé épuisé : une femme le soutient et porte dans les yeux des regards qui plaignent et qui supplient. Au fond, des montagnes sous une lumière cuivrée.

Cadre en bois sculpté.

Toile. Haut., 22 cent. 1/2 ; larg., 26 cent. 1/2.

DEHODENCQ

44 — *Marocain debout.*

Toile. Haut., 42 cent. 1/2 ; larg., 24 cent.

DELACROIX

(EUGÈNE)

45 — *L'Annonciation.*

La Vierge est tombée à genoux sur un prie-Dieu, au pied de son lit : deux figures envolées soulèvent une lourde draperie grenat foncé, qui dégage la scène : et dans une nuée, un ange, à la large envergure d'ailes, annonce à la Vierge la mission divine qui lui est dévolue: l'ange est vêtu d'une robe jaune et porte une écharpe rouge.

La Vierge porte une robe rouge qu'on aperçoit par l'échancrure de la longue cape bleue qui enserre la tête, descend derrière les épaules et vient s'agrafer sur le devant, au-dessous du ventre.

A gauche, la porte est à demi-ouverte, et par l'étroite baie on aperçoit la campagne, au milieu de laquelle un chemin est tracé.

Signé à droite, en bas : *1841*.

Cadre en bois sculpté.

Toile. Haut., 30 cent.; larg., 42 cent.

Vente Baroilhet, 1860.
Vente E. Blanc, 1862.

DELACROIX

(EUGÈNE)

46 — *Le Roi Jean à la bataille de Poitiers.*

C'est la mêlée terrible, héroïque, auguste : corps contre corps, chevaux contre chevaux, tout ce qui est une force opposant un choc à tout ce qui a une force; les masses d'armes balancées à bout de bras; les lames cherchant sous l'armure le cœur qu'il faut percer; les longues épées maniées par des bras de géants et fendant les crânes sous l'enveloppe impuissante des casques.

Et des gens tombés, et des cris de haine et de mort, et des cris qui invoquent le nom de Dieu pour cette besogne d'enfer, et des agonies, et des cadavres!

Et toujours, pour cette sanglante orgie de bataille, de nouveaux héros rencontrent de nouvelles victimes : autour des oriflammes, les combattants fidèles se pressent, et dans le ciel où la tempête met des nuages de deuil, il semble que le soleil allume de lointains incendies.

Admirable tragédie de vigueur, de mouvement et de couleur.

Au dos, le cachet de la vente Eugène Delacroix.

Cadre en bois sculpté.

Peint vers 1830.

Toile. Haut., 57 cent.; larg., 68 cent.

DELACROIX

(EUGÈNE)

47 — *Le Naufrage.*

La mer : un coup de vent, des vagues qui se soulèvent, un bateau qui sombre.

A gauche, sous l'immense voûte d'une grotte qui s'ouvre comme pour masquer l'entrée de l'abime, un corps est échoué; à gauche, un homme, vêtu de rouge et de blanc, se précipite à son aide, et, plus à gauche encore, d'autres personnages se hâtent vers les désemparés.

Sur le flot tumultueux, une barrique nage, roulée, ballottée.

Au fond, sous le ciel d'un azur immuablement calme et heureux, la coque d'un bateau démonté, brisé, éventré.

Signé à droite, en bas : *1862*.

Cadre en bois sculpté.

Toile. Haut., 38 cent. ; larg., 46 cent.

DELACROIX

(EUGÈNE)

48 — *La Bataille de Taillebourg.*

Admirable esquisse.

Toile. Haut., 47 cent.; larg., 69 cent.

DELACROIX

(EUGÈNE)

49 — *Médée.*

Une des plus belles recherches de Delacroix pour sa *Médée furieuse.* La tête de l'enfant le plus âgé est presque cachée : le dernier né est nu, sur une draperie rouge, retenue à l'épaule de Médée par une bretelle verte.

La robe est noire, avec une doublure rouge.

Toile. Haut., 33 cent.; larg., 22 cent. 1/2.

DELACROIX

(EUGÈNE)

50 — *Femme dans un intérieur.*

Elle est assise, en robe blanche décolletée, la taille prise dans une ceinture bleue, les jambes allongées, les pieds croisés sur un tabouret.

Elle est coiffée et vêtue à la mode de 1830; elle est accoudée au dossier de sa chaise, mélancolique et seule.

Un rayon de soleil passe par les rideaux fermés.

Des tableaux sont appendus au mur.

Portrait présumé de Mme F. Villot.

Cadre en bois sculpté.

Toile. Haut., 59 cent.; larg., 48 cent.

DELACROIX

(EUGÈNE)

51 — *La Neige.*

A gauche, une haie, que domine un arbre aux branches dépouillées; à droite, au milieu, le sol enseveli sous un linceul de neige. Au fond, des montagnes sous un ciel gris et bleu.

Panneau. Haut., 21 cent.; larg., 33 cent. 1/2.

DELACROIX

(EUGÈNE)

52 — *Ovide en exil chez les Scythes.*

L'exilé est couché sur le sol, au milieu d'un paysage dévasté. Les Scythes, autour de lui pressés, le regardent avec une curiosité où se mêle la pitié: quelques-uns lui apportent des fruits et du lait de jument. Vers le fond, l'horizon montagneux se réfléchit dans le miroir de l'eau.

Très importante esquisse.

Cadre en bois sculpté.

Panneau. Haut., 36 cent. ; larg., 55 cent.

DELACROIX

(EUGÈNE)

53 — *Jésus et le paralytique.*

Le paralytique est couché sur son grabat : Jésus s'approche et lui tend la main, et voici que le grabataire se soulève, devant les disciples pleins d'une pieuse admiration.

Cadre en bois sculpté.

Toile. Haut., 25 cent.; larg., 29 cent.

DELACROIX

(EUGÈNE)

54 — *Hercule enchaîne Nérée, dieu de la mer.*

Esquisse pour un tympan demi-circulaire de la décoration du Salon de la Paix, à l'Hôtel de Ville de Paris (1850-1853).

L'homme est porté, nu, sur le dos d'un monstre marin.

Cadre en bois sculpté.

Toile de forme cintrée. Haut., 14 cent. 1/2; larg., 28 cent.

DELACROIX

(EUGÈNE)

55 — *Hercule délivre Hésione.*

Esquisse pour un tympan demi-circulaire, pour la décoration du Salon de la Paix, à l'Hôtel de Ville de Paris (1850-1853).

Hercule vient de débarquer et déchaîne Hésione, dont le corps s'abat entre ses bras.

Au dos, le cachet de la vente.

Toile de forme cintrée. Haut., 22 cent. 1/2; larg., 45 cent.

DELACROIX

(EUGÈNE)

56 — *La Vierge des moissons.*

Elle est assise, vêtue de rouge et de bleu, et tient devant elle un enfant nu, debout.

A ses pieds sont des gerbes de blé : sa silhouette se dessine sur une campagne aux moissons blondes, sous le ciel d'azur.

C'est là une des esquisses que fit Delacroix pour l'église d'Orcemont, vers 1819. Cette esquisse appartint à M. Riesener.

Cadre en bois sculpté.

Toile. Haut., 31 cent. ; larg., 15 cent. 1/2.

DELACROIX

(EUGÈNE)

57 — *La Muse inspirant Hésiode.*

Esquisse de pendentif pour la décoration de la Chambre des Députés.

Au dos, le cachet de la vente.

Toile. Haut., 24 cent. ; larg., 30 cent.

DELACROIX

(EUGÈNE)

58 — *Étude de cheval, de profil à gauche.*

Au dos, le cachet de la vente.

Cadre en bois sculpté.

Toile. Haut., 12 cent. ; larg., 18 cent. 1/2.

DELACROIX

(EUGÈNE)

59 — *Étude de cheval.*

De trois quarts à droite et de dos, lancé au galop.
Signé à droite, en bas : *E. D.*
Cadre en bois sculpté.

Toile. Haut., 28 cent. ; larg., 36 cent.

DELACROIX

(EUGÈNE)

60 — *Etude de cheval gris pommelé, de profil à gauche.*

Au dos, le cachet de la vente.
Cadre en bois sculpté.

Toile. Haut., 31 cent. ; larg., 42 cent.

DELACROIX

(EUGÈNE)

61 — *Sainte Famille.*

Esquisse.
Au dos, le cachet de la vente.

Toile. Haut., 20 cent. 1/2 ; larg., 22 cent.

DELACROIX

(EUGÈNE)

62 — *Faust.*

Esquisse.

Cadre en bois sculpté.

Toile. Haut., 46 cent. 1/2; larg., 36 cent.

DELACROIX

(EUGÈNE)

63 — *Deux Pêches.*

Panneau. Haut., 10 cent.; larg., 20 cent.

DELACROIX

(EUGÈNE)

64 — *Esquisse, d'après une gravure de Rubens.*

Toile. Haut., 23 cent. 1/2; larg., 25 cent. 1/2.

DELACROIX

(EUGÈNE)

65 — *Chemin tournant, en forêt.*

Signé à gauche, en bas.
A droite, en bas, le timbre de la vente.
Cadre en bois sculpté.

Toile. Haut., 20 cent.; larg., 15 cent. 1/2

DELACROIX

(EUGÈNE)

66 — *Une ville arabe.*

Signé à gauche, en bas.
Cadre en bois sculpté.

Toile. Haut., 15 cent.; larg., 23 cent. 1/2.

DELACROIX

(EUGÈNE)

(D'après RUBENS)

67 — *L'Enfant à la pomme.*

La Vierge est assise, vêtue de rouge et une cape ouverte jetée sur les épaules ; elle est vue de trois quarts à gauche légèrement et tient debout sur ses genoux l'Enfant nu, portant une pomme dans la main gauche relevée et abandonnant sa main droite à un petit saint Jean debout, aux genoux de la Vierge et contemplant l'Enfant avec admiration.

A gauche, par une fenêtre que découvre une tenture relevée, on aperçoit la campagne heureuse sous un ciel de feu où le soleil couchant allume de fauves clartés.

Cadre en bois sculpté.

Panneau. Haut., 90 cent.; larg., 72 cent.

MANET

68 — *Fleurs.*

Dans un vase de cristal, de forme carrée, baignent quelques branches de lilas.

Le vase est posé sur une table couverte d'une nappe blanche, fond sombre.

Signé à droite, en bas.

Cadre en bois sculpté.

Toile. Haut., 55 cent.; larg., 34 cent.

MANET

69 — *Marée montante.*

Sur la plage, la vague qui déferle commence à gagner la barque noire échouée sur le sable ; la marée monte, mettant à chaque spasme, qui brise le flot, des collerettes d'écume autour des coques.

Et sous le ciel gris, où la rafale traîne des colères, la mer secouée jusqu'en sa profondeur, semble verte du vert de ces algues, dont le printemps est pour nous un mystère.

Signé à gauche, en bas.

Toile. Haut., 47 cent. 1/2 ; larg., 58 cent. 1/2.

MANET

70 — *Les Paveurs, à la rue de Berne.*

La rue, tracée au cordeau, et que le soleil égaie de ses larges traînées de lumières. Devant les maisons, au bord des trottoirs, à droite et à gauche des véhicules sont arrêtés, fiacre découvert, voiture de déménagement, charrette de livreur à bâche verte, tonneau-porteur de bains à domicile, etc.

A gauche, contre la clôture d'un terrain à vendre, et à l'ombre, deux personnages sont en train de causer.

Du même côté, au premier plan, un groupe de paveurs s'emploie à la fatigante besogne qui leur incombe dans la voirie municipale.

Au fond, entre les lignes précises des constructions, on aperçoit un coin de ciel bleu.

Signé à gauche, en bas.

Cadre en bois sculpté.

Toile. Haut., 63 cent.; larg., 79 cent.

MANET

71 — “ *Monet dans son atelier.* ”

Le peintre est installé dans sa barque, à l'ombre, et il peint; il est vêtu d'une chemise blanche, à rayures rouges, et d'un pantalon de flanelle, et coiffé d'un chapeau de paille, bordé d'un galon rouge.

Devant lui, une jeune femme assise lui tient compagnie.

Autour d'eux, la Seine large offre son flot, mollement agité, aux balancements des barques à voiles, amarrées à droite.

Au fond et à gauche, la berge aux herbes rares et les constructions des usines et des villas.

Ciel bleu où passent quelques nuages légers.

Signé à gauche, vers le milieu.

Cadre en bois sculpté.

Toile. Haut., 80 cent.; larg., 98 cent.

Le titre avait été donné au tableau, par Manet, qui disait : « Monet ! Son atelier, c'est son bateau. »

(Vente Manet, nº 85.)

MANET

72 — *Une branche de Pivoines blanches.*

Sur une table, près d'un sécateur, une branche de pivoines avec deux fleurs blanches.

Signé à droite, en bas.

Toile. Haut., 29 cent.; larg., 44 cent

BOURGEOIS DE MERCEY

(FRÉDÉRIC)

73 — ***Intérieur d'Église.***

A gauche, en bas, un monogramme et une date : *1831*.

Toile. Haut., 32 cent.; larg., 23 cent. 1/2.

MONET

(CLAUDE)

74 — *La Prairie.*

Dans la prairie, dont les herbes hautes sont émaillées de fleurettes, les fillettes se sont avancées, fleurs vivantes, glissant parmi un frisson de verdure.

La prairie est limitée à gauche par un bois, aux feuillages printaniers.

Au fond, de l'autre côté d'une haie, plusieurs hameaux sont tapis au bas d'une colline dont la pente douce s'offre heureusement à la culture.

Signé à gauche, en bas.

Cadre en bois sculpté.

Toile. Haut., 79 cent. ; larg., 98 cent.

MONET

(CLAUDE)

75 — *La Meule.*

Tandis que le soleil chante dans le ciel bleu, la brise, qui entraine la chevauchée des nuages blancs, fouette doucement l'allée d'arbres aux panaches souples, qui est plantée au milieu de la prairie.

A droite, à l'ombre d'une haute meule, une jeune femme et sa petite fille sont assises sur les brins séchés.

A gauche, au soleil, une meule plus petite.

Signé à droite, en bas : *1885*.

Toile. Haut., 64 cent. ; larg., 80 cent.

MONET

(CLAUDE)

76 — *Falaise, à Varengeville.*

A droite, la falaise, d'où l'on domine la mer au loin, et la ligne des côtes avec leur crête garnie de verdure.

Sur la falaise, sous le ciel gris, la petite maison de briques et de tuiles se dresse, largement et solidement assise, battue par le vent qui souffle du large, et dominant le tumulte des vagues qui se heurtent en d'écumantes chevauchées.

Signé à droite, en bas : *1882*.

Toile. Haut., 64 cent.; larg., 79 cent. 1/2.

MONET

(CLAUDE)

77 — *Argenteuil.*

La berge, qui descend en un talus herbeux jusqu'à la Seine, est dominée par les chalets de plaisance en meulière, couverts de tuiles rouges.

Sur le fleuve, les barques blanches sont amarrées ou évoluent, leurs voiles blanches, tendues et transparentes dans le jour qui fuse au ciel, à travers les nuages moutonneux.

Et l'eau, sous cette lumière, a des reflets, si profonds, qu'ils donnent une sensation de l'infini.

Signé à droite, en bas.

Toile. Haut., 55 cent. ; larg., 73 cent.

MONET

(CLAUDE)

78 — *Méditation.*

Une pièce éclairée, à droite, par une fenêtre dont les rideaux de velours bleu marine sont à demi tirés: le soleil papillonne à travers les rideaux de vitrage: les murs sont gris: un cadre y est appendu: sur la cheminée de marbre blanc, un vase de Chine et un écran japonais.

Sur un canapé d'angle, recouvert d'étoffe à fleurs roses, une jeune femme est assise, légèrement renversée, les jambes allongées: elle est vue de trois quarts à droite, la tête accentuant davantage le mouvement de profil. Elle est vêtue d'un jupon de soie noire et d'un costume d'étoffe rayée noir et vert: le col blanc rabattu est fermé sur une cravate grenat, nouée à larges coques. Les cheveux, châtain foncé, sont séparés en bandeaux sur le front et relevés en chignon sur le haut de la tête. . . .

De ses deux mains, la jeune femme tient fermé un livre relié en maroquin rouge: son regard vague semble suivre intimement une rêverie, peut-être évoquée par la lecture.

Les pieds, chaussés de souliers à boucles, sont croisés l'un sur l'autre.

Signé à gauche, en bas.

Toile. Haut., 56 cent. 1/2; larg., 73 cent.

MONET

(CLAUDE)

79 — *Pommes et raisins.*

Sur un meuble, aux moulures de bambou, en partie recouvert d'une nappe blanche, on a posé une corbeille chargée de pommes et de raisins noirs et blancs.

Autour de la corbeille, quelques fruits ont roulé, cinq pommes et trois grappes de raisin.

Signé à droite, en haut.

Toile. Haut., 66 cent.; larg., 85 cent.

MONET

(CLAUDE)

80 — *Sloop de pêche.*

Dans le bassin du port, les sloops de pêche sont amarrés côte à côte, les mâtures droites, les voiles roulées.

Ciel gris qui se réfléchit dans l'eau.

Toile. Haut., 45 cent.; larg., 54 cent. 1/2.

MONET

(CLAUDE)

81 — *Matinée.*

Aux branches des arbres, aux feuilles des massifs, aux lances des roseaux, l'aurore, en se levant, accroche ses rêves roses : une vapeur diaphane nimbe les choses : de la surface de l'eau une brume s'exhale, qui donne plus de douceur aux reflets qui s'y jouent.

Et dans cette harmonie de lumière et de murmures, une barque passe : un homme tient les avirons : un autre sort de la cabine qui la couvre.

Au fond, dans l'écartement des verdures, on aperçoit une petite maison blanche.

Signé à gauche, en bas.

Toile. Haut., 55 cent.; larg., 74 cent.

MONET

(CLAUDE)

82 — *Femmes et fleurs.*

Parmi les fleurs, gouttes de lait et gouttes de sang, des roses aux robes variées, dans l'épaisseur des feuillages, deux jeunes femmes se sont enfoncées, pour la cueillette des couleurs et des parfums.

Signé à gauche, en bas : *1875.*

Toile. Haut., 54 cent.; larg., 65 cent.

MONET

(CLAUDE)

83 — *Marée haute.*

Des vagues et des vagues, sous un ciel amplement ennuagé et menaçant d'orage, et, sur l'horizon, des voiliers qui s'éloignent.

Cadre en bois sculpté.

Toile. Haut., 41 cent.; larg., 58 cent.

MORIZOT

(BERTHE)

84 — *La Question au miroir.*

Un boudoir, le matin : le soleil chante derrière les stores baissés, et dans la pièce blanche, au canapé encapuchonné de sa housse blanche, la lumière éveille des clartés blondes.

La jeune femme, en sautant du lit, a glissé ses pieds nus dans des mules à nœuds de rubans et passé un peignoir blanc : elle est assise de face sur le canapé et interroge un petit miroir qu'elle tient de la main gauche : sa coiffure est un peu en désordre, sous son joli bonnet blanc à ruban noir : mais une boucle s'est, par hasard, arrangée sur le front, et la coquette demande à son miroir si cet agrément improvisé sied à son visage et ne mérite pas d'être retenu : grave question qui explique le sérieux de ce visage de vingt ans.

Signé à gauche, en bas.

Cadre en bois sculpté.

Toile. Haut., 54 cent. ; larg., 45 cent.

MORIZOT

(BERTHE)

85 — *Le Quai.*

Un quai, le long du port. Des bateaux de pêche sont amarrés; des bateaux à vapeur prennent le large.

Ciel bleu où passent des nuages légers.

Signé à droite, en bas.

Cadre en bois sculpté.

Toile. Haut., 40 cent. 1/2; larg., 54 cent.

MORIZOT

(BERTHE)

86 — *La Jetée.*

Signé à gauche, en bas.

Toile. Haut., 24 cent.; larg., 51 cent.

PISSARRO

87 — *Brouillard.*

Dans le champ, un brouillard intense plane sur les choses; pourtant il s'allège vers le sol, et, dans sa transparence, on aperçoit un arbre dont le tronc se penche vers la gauche et des figures qui s'avancent.

Signé à gauche, en bas : *1874*.

Toile. Haut., 54 cent.; larg., 65 cent.

RENOIR

88 — *Au Moulin de la Galette.*

Dispersés à travers le bal, quelques couples isolés dansent, amoureusement enlacés. Au fond, autour des étoiles chorégraphiques, des cercles se sont formés: puis il y a les admirateurs solitaires, qui promènent d'ici et de là leurs regards fureteurs et leurs curiosités inquiètes de découvrir l'imprévu équivoque vers lequel tend leur aspiration malsaine.

A droite, près d'une table de bois peinte en vert et d'un banc, hommes et femmes causent et boivent, flirtent et négocient : gogos, gigolos et gigolettes, toute la vieille jeunesse — ou la jeune vieillesse — déjà mûre pour les joies frelatées et les ingénuités compromises. Et sous la clarté qui s'adoucit à travers les branches, les visages reçoivent des gouttes de lumière qui chatoient et vibrent, et rient, dans ce mouvement, dans cette fièvre, dans cette folie de la chair, qui n'est peut-être qu'une expression — réelle et vraie — de la vie !...

Signé à droite, en bas : *1876.*

Toile. Haut., 78 cent.; larg., 1 m. 14 cent.

RENOIR

89 — *Les Petits.*

Six têtes d'enfants, petits et petites, aux joues rondes, aux yeux francs, aux lèvres qui promettent des caresses.

A droite, une fillette, en robe bleue, décolletée, est indiquée jusqu'à mi-jambes ; elle a les cheveux sur le dos et un collier autour du col.

Cadre en bois sculpté.

Toile. Haut., 36 cent. ; larg., 45 cent.

RENOIR

90 — *A la Grenouillère.*

Elle est assise, accoudée à la table où le couvert est mis, le bras droit allongé, la main appuyée au rebord d'une balustrade. Elle est vue presque de face, le corps moulé dans une robe bleu clair.

Les cheveux blonds s'ébouriffent sous le chapeau de paille au large ruban rouge. Elle est seule : elle attend : sa bouche sourit, juste ce qu'il faut pour laisser apercevoir des dents fines et blanches : le nez court a des frissons sensuels : les yeux, aux paupières qui parlent, ont d'extraordinaires caresses et une volonté dominatrice infinie : le visage est d'une ligne à la courbe exquise.

Autour d'elle, des branches touffues, puis, à l'éloignement, à gauche, la Seine, que traverse un pont : une barque à voile blanche, ballottée sur le fleuve.

Il y a, dans cette œuvre, d'une sensation aiguë, un enchantement de quelque chose de très humain et à la fois d'un rêve que l'art affiné de Renoir pouvait seul réaliser.

Signé à droite, en bas : *1879*.

Cadre en bois sculpté, non doré.

Toile. Haut., 71 cent. ; larg., 88 cent.

RENOIR

91 — *Liseuse.*

Dans l'embrasure de la baie, elle est assise, de profil à gauche. Elle est vêtue d'un ample peignoir clair, un col bordé d'une ruche ; de ses deux mains elle tient un livre, dont ses doigts nerveux taquinent les feuillets, et suit, attentive, sa lecture.

Près d'elle, à gauche, une caisse de fleurs : au fond, un parc, dont les parterres sont marqués de place en place par des statues et d'autres éléments décoratifs. Le ciel est chaud, et le soleil, qui filtre à travers un treillis, vient mettre des stries de lumière sur son corsage, sur ses cheveux blonds roux, et sur la persienne, contre laquelle sa chaise est adossée.

Elle a les jambes croisées l'une sur l'autre.

Signé à gauche, en bas.

Cadre en bois sculpté.

Toile. Haut., 65 cent. ; larg., 53 cent.

RENOIR

92 — *Sur la Falaise.*

Du haut de la falaise, aux crêtes coiffées de verdure, aux déchirures de pierres où la lumière met d'aveuglantes blancheurs, on domine la mer, à gauche, dont le spasme vient border d'écume la plage qui se creuse en une anse abritée par les hauteurs.

A gauche, un homme est assis dans l'herbe, vu de dos, en contemplation devant l'infini.

Signé à droite, en bas : *79*.

Cadre en bois sculpté.

Toile. Haut., 52 cent.; larg., 64 cent.

RENOIR

93 — *La Seine à Asnières.*

C'est l'été : sur la Seine, qui réfléchit l'azur profond du ciel, une barque remonte le courant, une longue et étroite barque, dont une jeune femme manœuvre les avirons.

A gauche, au premier plan, un bouquet de roseau émerge de l'eau ; du même côté, sur l'autre rive du fleuve, où se balance une yole à voile, une villa apparait, coiffée d'ardoises, dans un encadrement de branches feuillues.

A droite, parmi les arbres, on aperçoit un train qui s'avance et va traverser le pont de fer.

Signé à gauche, en bas.

Cadre en bois sculpté.

Toile. Haut., 68 cent.; larg., 90 cent.

RENOIR

94 — *Portrait de Femme.*

Debout, de face, vue à contre-jour. Vêtue de noir, avec, au col, une dentelle blonde, en écharpe, passementée de velours rose.

Elle s'appuie, des deux mains passées derrière le dos, contre une chaise qu'on ne voit pas.

Derrière elle, une caisse de fleurs, puis, par la baie ouverte, la campagne verte et le ciel clair.

Sur la persienne de gauche, le soleil arrête de blonds rayons.

Portrait présumé de Mlle Chocquet.

Signé à gauche, en bas.

Toile. Haut., 66 cent. 1/2; larg., 64 cent. 1/2.

RENOIR

95 — *Naïade.*

Au bord du flot, elle est assise sur une roche, la jambe droite croisée sous le genou gauche, le menton appuyé aux deux mains; les coudes sur la cuisse; ses cheveux s'épandent en frissons fauves sur ses épaules; elle a les yeux dolents et mélancoliques; sa nudité permet d'admirer ses chairs jeunes et fermes, où la lumière met des caresses chaudes.

Toile. Haut., 27 cent.; larg., 21 cent. 1/2.

RENOIR

96 — *Portrait de Fillette.*

Debout, en bleu : cheveux blonds dénoués ; au col, un collier et une petite croix de corail. Elle s'appuie de la main gauche au dossier d'une chaise.

Toile. Haut., 21 cent.; larg., 16 cent.

RENOIR

97 — *Le Pêcheur à la ligne en train d'amorcer.*

Toile. Haut., 30 cent.; larg., 35 cent.

SISLEY

(ALFRED)

98 — *La Seine à Billancourt.*

Sous un ciel bleu, où s'envolent de grands nuages blancs, la Seine coule, large, avec le frisson gai des reflets d'en haut. Un remorqueur et un bâteau à vapeur en remontent le courant.

A droite, le lit du fleuve s'élargit, et forme une anse qui s'enfonce arrondie dans la berge au sol herbeux : plus loin, du même côté, à demi cachées par les massifs d'arbres, on aperçoit des constructions industrielles.

Au fond, à gauche, le viaduc d'Auteuil dessine sa double ligne de pierres blanches, et va se perdre derrière les maisons, aux toits de tuiles rouges, que dominent des cheminées d'usines.

Signé à droite, en bas.

Toile. Haut., 45 cent. ; larg., 55 cent.

TASSAERT
(OCTAVE)

99 — *Les deux Sœurs de charité.*

Dans la partie supérieure, une religieuse, recueillie, les bras croisés sur la poitrine, les yeux clos : contrite et résignée, pleine de l'abandon de soi-même en face de ses devoirs de piété, plus ange que les anges envoyés par Dieu à sa rencontre pour l'accueillir.

Et, au-dessous d'elle, portée par des amours espiègles et tapageurs, qui n'ont aux épaules que des ailettes, la coquette et l'amoureuse en robe de soie vert clair aux paniers excentriques, les bras et les épaules nus ; elle lève vers le ciel ses beaux regards de pécheresse, qui semblent promettre des tentations en échange d'un pardon.

Et tandis que les anges d'en haut ne songent qu'à la prière, les amours d'en bas se disputent les fleurs, fleurs humaines qui se fanent et s'effeuillent.....

Signé à droite, en bas : *1862*.

Cadre en bois sculpté.

Toile. Haut., 90 cent. ; larg., 71 cent.

En 1874, Th. Silvestre écrivait, au sujet de cette belle œuvre, quelques lignes qu'il convient de citer. « *La Sœur de charité et l'Actrice*, dit-il, est la traduction séduisante et supérieure de la fameuse et détestable chanson de Béranger :

Vierge défunte, une sœur grise
Aux portes des cieux rencontra
Une beauté leste et bien mise
Qu'on regrettait à l'Opéra.
Toutes deux, dignes de louanges,
Arrivaient, après d'heureux jours,
L'une sur les ailes des anges,
L'autre dans les bras des amours.

» La thèse est fausse et même sacrilège : mais le tableau, sans indécence, est très bien peint et très bien composé. Il n'égalise pas au moins, en les sacrifiant, la pureté et l'impureté, avec l'insistance et l'explicité cyniques de la chanson. A ces idées vicieuses, égales d'ailleurs, nous préférons au poète Béranger le peintre Tassaert, qui n'a jamais raffiné l'hypocrisie et quémandé la popularité. »

D'après M. A. Bès fils, ce tableau serait la dernière œuvre de Tassaert. Il lui avait été commandé vers 1860, par M. Bruyas.

TASSAERT

(OCTAVE)

100 — *L'Abandonnée.*

Dans l'église qu'emplit seul le brouhaha des pas, et des bavardages étouffés, on vient d'entendre un long soupir, plus douloureux qu'un cri : c'est une jeune femme qui s'avanouit, le dos appuyé contre un pilier : elle presse encore sur son sein qui ne défaille pas sous cet effort de protection maternelle, son enfant qui se rattache à son col de ses deux mains crispées, et s'épouvante de cette douleur qu'il devine, sans comprendre.

A quelques pas, au milieu de l'indifférence de femmes assises, qui ont la prière distraite et l'âme impassible, un homme jeune conduit sa femme à l'autel, et n'a rien saisi du drame profond dont son abandon était la cause.

Le sujet nous semble bien romance aujourd'hui, mais, le peintre l'a traité avec un tel sentiment de la couleur, une telle conscience d'établissement et un art si fin, si personnel, si marqué de ce que fut l'émotion romantique, qu'on ne peut qu'admirer.

Signé à gauche, en bas : *1856.*

Toile. Haut., 54 cent. ; larg., 44 cent.

Il y a une variante de cette œuvre au Musée de Montpellier (Collection Bruyas).

TASSAERT

(OCTAVE)

101 — *Portrait d'Homme (Tassaert par lui-même).*

Vu jusqu'aux épaules; le corps de profil, la tête tournée presque de face, dans un geste énergique: cheveux blonds rejetés en arrière, moustaches coupées court à la commissure des lèvres, de grands yeux au regard décidé, un nez puissant, une bouche toute de volonté.

Costume vert foncé, col blanc non empesé, cravate blanche à rabat souple.

Signé en bas, au milieu : *O. Tassaert.*

Cadre en bois sculpté.

Panneau de forme ovale. Haut., 25 cent.; larg., 21 cent.

TASSAERT

(OCTAVE)

102 — *La Bataille d'Azincourt (1415) ou la Mort du duc d'Alençon.*

Magnifique esquisse, pleine de mouvement et d'éclat et d'un arrangement qui montre à quel point Tassaert était capable de concevoir une large composition historique.

Signé à droite, en bas : *O. T., 1835.*

Panneau. Haut., 27 cent.; larg., 40 cent.

TASSAERT

(OCTAVE)

103 — *L'Intérieur des ruines de l'ancienne Abbaye de Jumièges.*

Signé à droite, en bas : *O. T., 1834.*

Toile. Haut., 39 cent.; larg., 32 cent.

ÉCOLE FRANÇAISE

104 — *Le Peintre.*

Ceux-là n'engendrent pas la mélancolie : le vieux peintre, qui détourne sa tête aux longs cheveux, au visage rasé, le nez chevauché par de lourdes bésicles, est tout heureux d'avoir saisi le sourire de son modèle, dont la mère, pour l'instant, est debout derrière lui : et ils rient de toute l'ampleur de leur bouche aux dents parfois absentes.

Lui, tient sa palette et son pinceau; elle, déjà mûre, mais encore coquette, s'appuie de la main au dossier de la chaise. Des accroche-cœurs s'alignent sous le bord de son bonnet de dentelle et son corsage, largement ouvert, ne doit avoir que d'indiscrètes protections.

Il n'est pas jusqu'au portrait en train sur le chevalet, qui ne participe à cette gaité générale.

Œuvre très curieuse, d'une expression intense et d'une exécution vraiment admirable.

Cadre en bois sculpté.

Toile. Haut., 71 cent.; larg., 60 cent.

ÉCOLE ESPAGNOLE

105 — *Tête de Vieillard.*

Vu jusqu'à mi-corps, les mains croisées sur la poitrine; vêtu d'un somptueux costume aux parements brodés.

Il a les cheveux blancs et blanche également sa longue barbe; le nez et les joues sont d'un incarnat vigoureux; il lève vers le ciel des regards éplorés de contrition, et dans ses yeux perlent de grosses larmes.

Cadre en bois sculpté.

Toile. Haut., 77 cent.; larg., 62 cent.

106 — **Sous ce numéro seront vendus environ vingt tableaux non catalogués.**

AQUARELLES & PASTELS

CÉZANNE

107 — *Roches, parmi les bruyères, en forêt.*

Signé à gauche, en bas : *1867*.

Aquarelle sur papier blanc.

Haut., 22 cent.; larg., 35 cent.

CÉZANNE

108 — *Chemin dans la montagne.*

Signé à droite, en bas.

Aquarelle sur papier mastic.

Haut., 23 cent. ; larg., 35 cent.

CÉZANNE

109 — *Fleurs et fruits.*

Sur une table couverte d'une nappe, un vase de fleurs, une orange et différents objets de métal.

Signé à gauche, vers le milieu.

Aquarelle sur papier mais.

Haut., 18 cent.; larg., 15 cent.

DELACROIX

(EUGÈNE)

110 — *Tigre guettant une proie.*

Couché sur le ventre, les pattes repliées, il est tout prêt à faire jouer le ressort de ses muscles.

Signé à droite, en bas.

Aquarelle sur papier maïs.

Haut., 17 cent.; larg., 24 cent. 1/2.

DELACROIX

(EUGÈNE)

111 — *Roses et hortensias.*

Aquarelle sur papier gris.

Haut., 61 cent.; larg., 61 cent.

DELACROIX

(EUGÈNE)

112 — *La Nuit.*

Une nuit de lune, qui laisse encore s'accrocher des gouttes d'or aux feuilles rouillées des arbres.

Au dos, le cachet de la vente.

Pastel. Haut., 21 cent.; larg., 36 cent.

DELACROIX

(EUGÈNE)

113 — *Marss-el-Kebir.*

La mer; et, au fond, des falaises escarpées. A droite, dominant le flot, d'anciennes fortifications; quelques bâtiments sont à l'attache.

A droite, en bas, le timbre de la vente.

Aquarelle sur papier blanc.

Haut., 17 cent. 1/2; larg., 26 cent. 1/2.

DELACROIX

EUGÈNE

114 — *La Grande Rue.*

Une rue large bordée, à gauche et à droite, de hautes constructions : un clocher, à gauche, s'élance vers le ciel ensoleillé. Quelques piétons sur la chaussée.

A gauche, en bas, une note de Delacroix, datée : « *Samedi, 7 juillet.* »

A droite, en bas, le timbre de la vente.

Aquarelle sur papier blanc.

Haut., 14 cent.; larg., 14 cent.

DELACROIX

EUGÈNE

115 — *Cour intérieure de maison arabe.*

Une cour que domine une galerie verte. A gauche, une porte ouverte sur une pièce et au coin de laquelle est une figure assise : à droite, une ouverture donnant accès à un escalier.

A gauche, en bas, le timbre de la vente de l'artiste.

A droite, le timbre de la vente Dauzats.

Aquarelle sur papier blanc.

Haut., 21 cent.; larg., 28 cent.

DELACROIX

EUGÈNE

116 — *Les forts et un palais de gouverneur en Algérie.*

A gauche, en bas, le timbre de la vente.

Aquarelle sur papier blanc.

Haut., 14 cent.; larg., 24 cent.

DELACROIX

EUGÈNE

117 — *Mer calme.*

A gauche, en bas, le timbre de la vente.

Aquarelle sur papier blanc.

Haut., 20 cent. 1/2; larg., 25 cent. 1/2

DELACROIX

EUGÈNE

118 — *Le petit pont.*

La rivière coule, encaissée dans des rives légèrement relevées; elle dessine un tournant; au fond, un pont de pierre dont les deux arches accentuent un arc en ogive; puis une maison.

A gauche, sur un pli du terrain, un arbre touffu. Au ciel bleu, marqué de nuages, le soleil, à gauche, éveille d'ardentes clartés.

A droite, en bas, le timbre de la vente.

Aquarelle sur papier blanc.

Haut., 16 cent.; larg., 27 cent. 1/2

DELACROIX

EUGÈNE

119 — *Hortensias jaunes et roses.*

A droite, en bas, le timbre de la vente.

En bas, quelques indications au crayon, de la main de Delacroix.

Aquarelle sur papier crème.

Haut., 18 cent. 1/2; larg., 29 cent.

DELACROIX

EUGÈNE

120 — *Arbres et bruyères au bord d'un gué.*

Aquarelle sur papier crème.

Haut., 14 cent.; larg., 22 cent.

DELACROIX

EUGÈNE

121 — *Soleil couchant sur la mer calme.*

A droite, en bas, le timbre de la vente Delacroix et celui de la vente Riesener.

Aquarelle sur papier mais.

Haut., 22 cent.; larg., 35 cent.

DELACROIX

EUGÈNE

122 — *La falaise d'Étretat.*

Le massif rocheux se dresse sur le ciel vibrant de clartés chaudes; la vague, ourlée d'écume, bat son pied, et déferle sur la plage.

A gauche, en bas, le cachet de la vente.

Aquarelle sur papier gris.

Haut., 14 cent. 1/2; larg., 20 cent.

DELACROIX

(EUGÈNE)

123 — *Soleil couchant sur la mer.*

L'anse s'arrondit à gauche, dominée par les falaises ; la mer est calme ; au fond, l'orbe de feu du soleil va s'enfoncer derrière l'horizon ; mais du ciel, d'immenses lueurs d'incendie promènent à la surface frissonnante de l'eau d'innombrables reflets diaprés.

A droite, en bas, le timbre de la vente.

Aquarelle sur papier gris.

Haut., 20 cent. 1/2 ; larg., 30 cent. 1/2.

DELACROIX

(EUGÈNE)

124 — *Montagnes en Algérie.*

Aquarelle sur papier maïs.

Haut., 10 cent. ; larg., 21 cent.

DELACROIX

(EUGÈNE)

125 — *Dans les ruines.*

A gauche, en bas, le timbre de la vente.

Aquarelle sur papier blanc.

Haut., 18 cent. 1/2 ; larg., 14 cent.

DELACROIX

(EUGÈNE)

126 — *Arabes à genoux sur le sol.*

A droite, en bas, le timbre de la vente.

Aquarelle sur papier blanc.

Haut., 18 cent. ; larg., 12 cent. 1/2.

DELACROIX

(EUGÈNE)

127 — *La forêt.*

A gauche, en bas, le timbre de la vente.

Aquarelle sur papier maïs.

Haut. 16 cent.; larg., 25 cent.

DELACROIX

(EUGÈNE)

128 — *Ciel nuageux sur la campagne.*

Pastel sur papier gris.

Haut., 11 cent. 1/2; larg., 15 cent.

DELACROIX

(EUGÈNE)

129 — *Une ville arabe.*

Aquarelle et crayon sur papier blanc.

Haut., 16 cent. 1/2; larg., 23 cent. 1/2

DELACROIX

(EUGÈNE)

130 — *Apparition.*

A droite, en bas, le timbre de la vente.

Lavis de sépia et d'encre de Chine, avec rehauts d'aquarelle et de gouache, sur papier gris.

Haut., 14 cent. 1/2; larg., 19 cent.

DELACROIX
(EUGÈNE)

131 — *Trois personnages en costume grec.*

A droite, en bas, le timbre de la vente.

Aquarelle sur papier blanc.

Haut., 12 cent.; larg., 19 cent.

DELACROIX
(EUGÈNE)

132 — *Deux personnages en costume du Moyen-Age.*

Etude.

Dessin au lavis d'encre de Chine, sur papier mastic.

Haut., 24 cent. ; larg., 19 cent.

DELACROIX
(EUGÈNE)

133 — *Le Prisonnier.*

Dessin au lavis de sépia sur papier blanc.

Haut., 20 cent. 1/2; larg., 16 cent. 1/2.

DELACROIX
(EUGÈNE)

134 — *La mort du cavalier.*

Son cheval furieux vient de le précipiter sur le sol; des hommes s'empressent auprès de lui et le soutiennent.

A droite, en bas, le timbre de la vente.

Aquarelle (inachevée) sur papier maïs.

Haut., 22 cent. ; larg., 32 cent.

DELACROIX

EUGÈNE

135 — *Tigre dévorant une proie.*

Les deux pieds de derrière en arrêt, les reins écrasés, la queue rasant le sol; les pieds de devant s'agrippant des ongles à la terre, le fauve broie de ses crocs tenaces une proie dont la dureté l'oblige à un effort et lui fait pencher la tête sur le côté.

Signé à droite, en bas.

Dessin au lavis de sépia et d'encre de Chine, sur papier blanc.

Haut.; 12 cent. 1/2; larg., 19 cent. 1/2

DELACROIX

EUGÈNE

136 — *Musiciens Arabes.*

Ils sont tous deux assis sur des tapis, au soleil, le dos au mur, les jambes croisées, et jouent, l'un de la guzla, l'autre du tambour de basque.

Signé à droite, en bas.

Aquarelle sur papier mais.

Haut., 11 cent. 1/2; larg., 18 cent.

DELACROIX

EUGÈNE

137 — *Jeune Arabe assis contre un mur.*

Aquarelle sur papier crème.

A gauche, en bas, le timbre de la vente.

Haut., 18 cent.; larg., 12 cent. 1/2.

DELACROIX
(EUGÈNE)

138 — *Le Phare.*

Aquarelle sur papier blanc.

Haut., 17 cent. 1/2; larg., 28 cent.

DELACROIX
(EUGÈNE)

139 — *Le Bassin du port.*

A gauche, en bas, le timbre de la vente.

A droite, en bas : *7 juin, mercredi, 1852.*

Aquarelle sur papier crème.

Haut., 20 cent.; larg., 31 cent.

DELACROIX
(EUGÈNE)

140 — *Italienne portant une corbeille sur la tête.*

Vue de face, les pieds nus, la main gauche à la ceinture, retenant la robe relevée, la main droite soutenant une corbeille sur la tête coiffée d'une étoffe rouge.

A droite, en bas, le timbre de la vente.

Haut., 30 cent.; larg., 21 cent.

DELACROIX
(EUGÈNE)

141 — *La Poésie élégiaque.*

Esquisse d'un pendentif pour la décoration de la Chambre des Députés.

A droite, en bas, le timbre de la vente.

Aquarelle de forme hexagonale.

Haut., 22 cent. 1/2; larg., 27 cent. 1/2.

DELACROIX

(EUGÈNE)

142 — *Cavalier arabe dans une fantasia.*

A gauche, en bas, le timbre de la vente.

A droite, en bas : *1838*.

Aquarelle sur papier blanc.

Haut., 18 cent.; larg., 18 cent. 1/2.

DELACROIX

(EUGÈNE)

143 — *Esquisse d'un pendentif, pour la décoration de la Chambre des Députés.*

Au milieu, en bas, le timbre de la vente.

Aquarelle de forme hexagonale.

Haut., 20 cent.; larg., 25 cent.

DELACROIX

(EUGÈNE)

144 — *Jésus marchant sur les flots.*

Pastel. Haut., 30 cent.; larg., 23 cent.

DIAZ

145 — *Guerre civile.*

Au premier plan, écroulée sur le sol, une femme presse contre son sein un enfant : derrière elle, on aperçoit un cadavre, et, autour de lui, d'autres personnages qui se lamentent, prient ou maudissent.

Aquarelle sur papier mais.

Haut., 23 cent. 1/2; larg., 15 cent.

JACQUEMART

(JULES-FERDINAND)

146 — *Marchandes de citrons.*

Toutes deux sont assises; l'une, à gauche, vue de profil à droite, est vêtue d'étoffes rayées bleu, vert et blanc : un jupon rouge, à rayures brunes, dépasse son tablier bleu. L'autre, de profil à gauche, a une jupe beige et un caraco rayé noir et blanc.

Elles sont en train de parer des citrons pour l'expédition : déjà un tas grossit des fruits enveloppés de papier; de l'autre côté se trouve le tas des citrons à l'épiderme d'or.

Les figures souriantes des deux femmes qui causent gaiement se détachent, joues pleines, teint animé et cheveux noirs, sur une draperie blanche tendue dans le fond.

A gauche, un cabat, un chapeau de paille à rubans et nœuds de velours noir, et deux bannettes.

Signé à droite, en bas : *1878*.

Haut., 34 cent.; larg., 43 cent.

Exposition centennale de l'Art français, 1889.

MONET

(CLAUDE)

147 — *Soleil couchant.*

La plage, avec, à droite, une barque échouée : la mer calme, et, au-dessus de l'horizon, un ciel tragique où le soleil couchant allume sa dernière féerie du jour à son déclin.

Signé à droite, en bas.

Pastel. Haut., 13 cent. ; larg., 22 cent.

MONET

(CLAUDE)

148 — *Coucher de soleil.*

La mer calme, et, au-dessus de l'horizon, dans le ciel, dans l'infini, des clartés d'incendie, de l'or, du feu et de la splendeur, et aussi des nuages où s'évoquent d'étranges formes, et plus haut l'immuable azur dont le ton s'attendrit devant cette fantasmagorie du soleil qui se couche.

Signé à droite, en bas.

Pastel. Haut., 17 cent. 1/2 ; larg., 27 cent.

MONET

(CLAUDE)

149 — *Au large.*

Sur la mer calme, sous le ciel gris, où quelques traînées de nuages sombres s'éclairent de loin en loin, les sloops de pêche se balancent, leurs voiles à peine gonflées par la brise tiède.

Signé à droite, en bas.

Pastel. Haut., 21 cent. ; larg., 40 cent.

MORIZOT

(BERTHE)

150 — *En promenade au bois.*

A la lisière d'un bois, une jeune femme et ses deux enfants sont assis sur la mousse; la jeune femme tient une ombrelle ouverte.

Signé à gauche, en bas.

Aquarelle sur papier blanc.

Haut., 17 cent.; larg., 24 cent.

PISSARRO

(C.)

151 — *Intérieur rustique.*

Près de la fenêtre à petits carreaux, par où le soleil pénètre dans la chambre, la vieille, en bonnet et tablier bleu, travaille assise, vue de profil à droite. Devant elle, le vieux, assis également et de profil à gauche, a l'air de sommeiller : il est adossé au lit de bois.

Contre le mur, différents objets sont pendus.

Signé à gauche, en bas.

Pastel. Haut., 37 cent.; larg., 26 cent.

RENOIR

152 — *Portrait d'homme.*

De face, vu jusqu'à mi-corps; chauve, couronné de cheveux frisants, barbe châtain. Vêtement noir.

Signé à gauche, en haut : *1880.*

Pastel. Haut., 54 cent.; larg., 44 cent.

ROUART

153 — *Un pont, près de l'île Saint-Louis.*

Signé à droite, en bas.

Aquarelle sur papier blanc.

Haut., 18 cent. ; larg., 32 cent.

ROUART

154 — *Maison à mi-côte, dans la montagne.*

Signé à droite, en bas.

Aquarelle sur papier blanc.

Haut., 21 cent. 1/2 ; larg., 29 cent.

ÉCOLE FRANÇAISE

155 — *Portrait de jeune femme.*

Vue jusqu'à la poitrine, de trois quarts à gauche ; corsage bleu légèrement décolleté, un ruban de velours noir étroit, en guise de collier ; les cheveux poudrés, haut coiffés et cachés en partie par un bonnet blanc à coque retombante.

Pastel.

Pastel. Haut., 46 cent. ; larg., 32 cent.

ÉCOLE FRANÇAISE

156 — *Clairière en forêt (Crépuscule d'Automne).*

Aquarelle sur papier mais.

Haut., 14 cent. ; larg., 22 cent.

ÉCOLE FRANÇAISE

157 — *Nymphe couchée.*

Près de la source, elle est couchée nue, vue de dos, sur une draperie blanche : elle se soulève sur les coudes et regarde avec attention deux pigeons qui se becquètent dans les branches.

Aquarelle sur papier blanc.

Haut., 13 cent. 1/2 ; larg., 20 cent. 1/2.

ÉCOLE FRANÇAISE

158 — *La Fillette au capuchon blanc.*

De face, vue jusqu'aux épaules, une médaille pendant autour du col à un ruban bleu. Elle a des cheveux blonds, qui débordent d'une sorte de capuchon ; de chaque côté de la tête, deux fleurettes pâlissent, à les comparer avec l'incarnat des joues rebondies et des lèvres. Petit nez épaté, menton rond, yeux bleus d'une jolie expression de douceur et de bonté.

Pastel.

Cadre en bois sculpté.

Pastel. Haut., 28 cent. ; larg., 23 cent.

DESSINS

COURBET

159 — *La fillette à la fontaine.*

Signé à droite, en bas.

Haut., 47 cent. ; larg., 38 cent.

DELACROIX

EUGÈNE

160 — *Lionne en fureur.*

Dessin à la plume sur papier blanc.

Haut., 18 cent.; larg., 22 cent. 1/2

DELACROIX

EUGÈNE

161 — *L'Algérienne à la rose.*

Elle est assise, de trois quarts à gauche, la tête tournée de face et tient de la main droite une rose.

Admirable dessin à la plume sur papier blanc.

Signé d'un rebus.

Haut., 18 cent. 1/2 ; larg., 15 cent. 1/2.

DELACROIX

(EUGÈNE)

162 — *Types de Marocains.*

Dessin au crayon sur papier crème.
Signé à droite, en bas : *Eug. Delacroix, 1834.*

Haut., 19 cent. 1/2; larg., 24 cent. 1/2.

DELACROIX

(EUGÈNE)

UNE PAGE DE CROQUIS :

163 — *Études de têtes et de bras* (5 figures).

Signé à droite, en bas.
Dessin à la plume sur papier blanc.

Haut., 22 cent. 1/2; larg., 25 cent.

DELACROIX

(EUGÈNE)

164 — *Type Cypriote.*

A droite, en bas, le timbre de la vente.
Dessin au crayon, sur papier crème, avec retouche de sanguine.

Haut., 29 cent. 1/2; larg., 18 cent. 1/2.

DELACROIX

(EUGÈNE)

165 — *Combat de lion.*

L'homme est terrassé, le lion le tient sous ses griffes et lui enfonce ses crocs dans le bras.

Signé à droite, en bas, du timbre de la vente.

Dessin sur papier crème.

Haut., 22 cent.; larg., 28 cent.

Exposition centennale de l'art français.

DELACROIX

(EUGÈNE)

166 — *L'Idylle interrompue.*

Dessin à la plume et lavis de sepia, sur papier mastic.

Haut., 21 cent.; larg., 26 cent.

DELACROIX

(EUGÈNE)

DANS UN MÊME CADRE :

167 — *Trois études de paysage.*

Dessin au crayon sur papier crème et blanc.

Haut. : 19 cent.; 21 cent.; 19 cent.
Larg. : 11 cent. 1/2; 16 cent. 1/2; 12 cent.

DELACROIX

(EUGÈNE)

168 — *Caresse.*

Une jeune nymphe nue, couchée, accoudée, la tête portée par la main droite et tournée vers un personnage dont la main la presse amoureusement.

A gauche, en bas, le timbre de la vente.

Dessin à la mine de plomb sur papier blanc.

Haut., 12 cent. 1/2 ; larg., 15 cent.

DELACROIX

(EUGÈNE)

169 — *Étude pour une décoration.*

Deux figures : l'une assise, le bras gauche entourant l'épaule de sa compagne, tient un livre ouvert sur ses genoux.

L'autre, presque agenouillée, indique du doigt ce qu'elle lit.

A gauche, en bas, le timbre de la vente.

Dessin au crayon sur papier crème.

Haut., 30 cent. 1/2 ; larg., 28 cent.

DELACROIX

(EUGÈNE)

170 — *Figure d'homme assis.*

Figure d'homme assis, en tunique longue, pantalon bouffant et pieds nus ; un large manteau rejeté sur l'épaule.

A gauche, en bas, le timbre de la vente.

Dessin au crayon sur papier maïs.

Haut., 21 cent. ; larg., 14 cent.

DELACROIX

(EUGÈNE)

171 — *L'angoisse de Roméo.*

Étude pour une composition d'après le drame de Shakespeare.

A droite, en bas, le timbre de la vente.

Dessin a la mine de plomb, sur papier crème.

Haut., 22 cent.; larg., 16 cent. 1/2.

DELACROIX

(EUGÈNE)

172 — *Le Roi.*

Le roi soulève la visière de son casque et se fait reconnaître ; le chevalier, son épée à la main, semble reculer, de surprise ou d'effroi.

Au fond, le château fortifié.

Étude.

A droite, en bas, le timbre de la vente.

Dessin au crayon sur papier maïs.

Haut., 26 cent.; larg., 19 cent.

DELACROIX

(EUGÈNE)

173 — *Hommes courant dans la nuit.*

A gauche, en bas, le timbre de la vente.

Dessin au lavis d'encre de Chine, sur papier blanc.

Haut., 20 cent.; larg., 11 cent. 1/2

DELACROIX

(EUGÈNE)

174 — *Les Convulsionnaires de Tanger.*

Étude de composition pour le tableau.
A droite, en bas, le timbre de la vente.
Dessin à la plume, sur papier mastic.

Haut., 18 cent. 1/2; larg., 23 cent. 1/2.

DELACROIX

(EUGÈNE)

175 — *Ovide chez les Scythes.*

Étude pour la composition du tableau.
A droite, en bas, le timbre de la vente.
Dessin au crayon, sur papier blanc vergé.

Haut., 35 cent.; larg., 53 cent.

DELACROIX

(EUGÈNE)

176 — *Marguerite.*

Elle est assise, les deux mains sur les genoux, la tête appuyée contre le mur, le regard vague ; elle songe.
Dessin au crayon, sur papier mastic.

Haut., 23 cent. ; larg., 18 cent.

DELACROIX
(EUGÈNE)

177 — *Étude de feuillage tressé en couronne.*

Crayon et pastel, sur papier gris.

Haut., 30 cent.; larg., 45 cent.

DELACROIX
(EUGÈNE)

178 — *Grenadier au port d'armes.*

Signé à gauche, vers le bas, d'un monogramme.
Dessin au crayon, sur papier blanc.

Haut., 42 cent.; larg., 25 cent.

DELACROIX
(EUGÈNE)

179 — *Étude de pendentif pour un plafond de la Chambre des Députés.*

A droite, en bas, le timbre de la vente.
Dessin au crayon, de forme hexagonale, sur papier blanc vergé.

Haut., 21 cent. 1/2; larg., 23 cent.

DELACROIX
(EUGÈNE)

180 — *Étude de pendentif pour un plafond de la Chambre des Députés.*

Au milieu, en bas, le timbre de la vente.
Dessin au crayon, de forme hexagonale, sur papier blanc vergé.

Haut., 21 cent. 1/2; larg., 23 cent.

8

DELACROIX

(EUGÈNE)

181 — *La Sonate.*

Deux personnages, l'un au clavecin, l'autre tenant le violon, en train de jouer une sonate :

A gauche, une femme debout les écoute.

A droite, en bas, le timbre de la vente.

Dessin au crayon, sur papier crème.

Haut., 25 cent. 1/2 ; larg., 27 cent.

DELACROIX

(EUGÈNE)

182 — *Étude de pendentif pour un plafond de la Chambre des Députés.*

En bas, au milieu, le timbre (supposé) de la vente.

Dessin de forme hexagonale, à lignes concaves, au crayon, sur papier blanc vergé.

Haut., 22 cent. ; larg., 24 cent.

DELACROIX

(EUGÈNE)

183 — *Étude pour un plafond.*

A droite, en bas, le timbre de la vente.

Dessin au crayon, sur papier maïs.

Haut., 28 cent. 1/2 ; larg., 31 cent.

RENOIR

184 — *Jeune femme accoudée.*

De trois quarts à droite, assise, vue jusqu'à la poitrine.

Signé à droite, en bas.

Dessin au crayon, sur papier Ingres gris.

Haut., 55 cent.; larg., 27 cent.

ROUSSEAU

TH.

185 — *Bouquet d'arbres dans la campagne.*

A gauche, en bas, le timbre de la vente.

Dessin à la plume, sur papier crème vergé.

Haut., 9 cent.; larg., 14 cent.

TASSAERT

OCTAVE

186 — *La Tentation de saint Antoine.*

Il est couché, la tête sur son livre de prières, les mains jointes; derrière lui, des femmes se pressent, exerçant sur lui leurs tentations les plus capiteuses.

Signé à gauche, en bas : *1851*.

Dessin au crayon sur papier crème, avec retouche de blanc et de bistre.

Haut., 22 cent. 1/2; larg., 31 cent. 1/2.

TASSAERT
(OCTAVE)

187 — *Les Chrétiens dans les Catacombes.*

Debout, appuyé contre la roche, immobile en sa robe de bure, à la capuche relevée, l'ascète médite sur l'œuvre d'humaine piété de ceux qu'il invoque en sa prière ; et loin des tentations du monde, il ne se rappelle la vie terrestre que pour voir en son cœur l'œuvre de charité et de tendresse à laquelle il s'est dévoué.

Et ce sont toutes les misères qui pleurent autour de lui, les misères pour lesquelles il lui faut trouver le mot qui console, et l'élan de cœur que Dieu aime à écouter.

Signé à gauche, en bas : *O. T.*

Dessin à la sépia sur papier blanc.

Haut., 26 cent.; larg., 27 cent.

TASSAERT
(OCTAVE)

188 — *Jacquemin Gringonneur inventant les cartes à jouer.*

Il est assis et cherche le dessin des cartes à jouer. Devant lui sur un chevalet, se trouve le roi de cœur, dessiné d'après une statuette.

Au bas de la carte se trouve cette inscription : *Jacquemin Gringonneur, fecit 1420, rue de la Verrerie.*

Ce dessin est des environs de 1861.

Dessin au lavis de sépia sur papier bavane.

Haut., 23 cent. ; larg., 17 cent. 1/2.

OBJETS D'ART

ET

D'Ameublement

PORCELAINES DE SÈVRES

189 — TÊTE-A-TÊTE composé d'un plateau à deux anses, d'une théière et d'un sucrier avec couvercles, de deux tasses et de deux soucoupes en ancienne porcelaine tendre de Sèvres : décor de larges bordures semées de bleuets avec guirlandes, médaillons de roses et rehauts d'or. Année 1780. Décor par *Pierre jeune* et *Vincent*.

190 — PETIT CABARET SOLITAIRE, composé d'un plateau oblong, d'une tasse, d'un sucrier avec couvercle et d'un pot à lait à décor de fleurs comprises dans un quadrillage bleu et or. Ancienne porcelaine tendre de Sèvres. Année 1758. Décor par *Vandart*.

191 — AIGUIÈRE ET SON BASSIN en ancienne porcelaine tendre de Sèvres, à décor de fleurs et grappe de raisin avec double filet bleu. Année 1772. Décor par *Vandé* et *Thérenet aîné*.

192 — PETITE JARDINIÈRE carrée, décorée en camaïeu rose de gerbes de fleurs, corbeilles et motifs rocaille. Ancienne porcelaine tendre de Sèvres.

193 — Petite jardinière carrée, décor d'amours et fleurs. Même porcelaine.

194 — Beurrier sur plateau rond adhérent et avec couvercle, en ancienne porcelaine tendre de Sèvres; décor de guirlandes de fleurs en camaïeu rose.

195 — Deux pots de crème avec couvercles à décor de couronnes de fleurs et zones bleues à chevrons dorés. Ancienne porcelaine tendre de Sèvres. Année 1758. Décor par *Noël*.

196 — Petit plateau carré, décoré d'un carrelage sur fond rose, bords ajourés ornés d'une frise de postes. Ancienne porcelaine tendre de Sèvres. Ors par *Vincent*. Année 1762.

197 — Deux petits plateaux carrés : paysan et paysanne dans la campagne, fond rose. Ancienne porcelaine tendre de Sèvres. Décor par *Chulot*.

198 — Beurrier rond à pourtour et fond ajourés, décoré de réserves de fleurs sur fond bleu-turquoise. Même porcelaine.

199 — Petit plateau carré à bords obliques ajourés, en ancienne porcelaine tendre de Sèvres : quadrillés en bleu et or semés de fleurs. Année 1758.

200 — Deux plateaux ovales à bords lobés décorés de fleurs. Ancienne porcelaine tendre de Sèvres.

201 — Deux sucriers ovales avec couvercles, en ancienne porcelaine tendre de Sèvres, à décor de fleurs et filets bleus.

202 — Petit plateau creux oblong, en ancienne porcelaine tendre de Sèvres : décor dit feuille de chou.

203 — Trois petits plateaux creux et oblongs en ancienne porcelaine tendre de Sèvres : fleurs semées et filets bleus.

204 — Petit plateau creux et oblong en ancienne porcelaine tendre de Sèvres : fleurs semées et filets bleus.

205 — Cinq coquetiers décorés de fleurs. Ancienne porcelaine tendre de Sèvres.

206 — Pot en ancienne porcelaine tendre de Sèvres à décor de fleurs.

207 — Plateau à décor de fleurs et hachures bleues, en ancienne porcelaine tendre de Sèvres.

208 — Bassin en ancienne porcelaine tendre de Sèvres, à décor de fleurs.

209 — Deux salières en ancienne porcelaine tendre de Sèvres, à décor de fleurs et filets bleus.

210 — Deux salières doubles : fleurs et filets bleus. Même porcelaine.

211 — Onze assiettes variées à bords lobés. Marli à fleurs. Ancienne porcelaine tendre de Sèvres.

212 — Assiette à bords lobés, décor de bleuets. Ancienne porcelaine tendre de Sèvres.

213 — Dix assiettes à bords festonnés, décor de jetés de fleurs et hachures bleues. Même porcelaine.

214 — Deux assiettes à décor de baguettes enguirlandées de fleurs en camaïeu rose. Ancienne porcelaine tendre de Sèvres. Année 1760. Décor par *Louise Parpette*.

215 — Quatre assiettes à bords festonnés, décorées de jetés de fleurs; marli orné de fleurs et d'un ruban rose. Ancienne porcelaine tendre de Sèvres. Année 1783.

216 — Quatre compotiers décorés de fleurs et hachures bleues sur fond gaufré : porcelaine tendre.

217 — Assiette à bords festonnés, décorée de fleurs : porcelaine tendre.

218 — Tasse et soucoupe à décor de fleurs avec papillon sur la soucoupe. Ancienne porcelaine tendre de Vincennes.

219 — Tasse droite et soucoupe en ancienne porcelaine tendre de Sèvres : sur la tasse, paysage, coq et renard, avec la légende : *Le Coq et le Renard;* sur la soucoupe, marine; semis de fleurettes sur le pourtour de la tasse et de la soucoupe.

220 — Tasse droite et sa soucoupe en ancienne porcelaine tendre de Sèvres, à décor de larges bordures ornées de rosaces, couronnes de fleurs et œils de perdrix bleus. Année 1769.

221 — Petite tasse droite et soucoupe en ancienne porcelaine tendre de Sèvres, à œils de perdrix bleus, guirlandes de feuilles émaillées vert et rose et étroite bordure rayée bleue.

222 — Petite tasse droite et sa soucoupe en ancienne porcelaine tendre de Sèvres, à décor de guirlandes de fleurs et de feuilles en couleurs et or. Décor par *Le Guay*.

223 — Tasse cylindrique et soucoupe en ancienne porcelaine tendre de Sèvres, décorées d'un semis de fleurettes.

224 — Tasse droite et sa soucoupe en ancienne porcelaine tendre de Sèvres, à décor de roses dans des réserves se détachant sur fond bleu-turquoise.

225 — Tasse droite et sa soucoupe, à décor de baguettes enguirlandées de fleurs en camaïeu bleu. Ancienne porcelaine tendre de Sèvres. Année 1757.

226 — Petite tasse droite et soucoupe décorées de fleurs en camaïeu bleu. Ancienne porcelaine tendre de Sèvres.

227 — Petite tasse droite et soucoupe à décor de paysages, fond carrelé. Ancienne porcelaine tendre de Sèvres.

228 — Tasse et sa soucoupe à bords festonnés, à décor de fleurs gaufrés sous couverte et en camaïeu bleu. Ancienne porcelaine tendre de Sèvres.

229 — Tasse obconique et soucoupe, à décor de fleurs et filets bleus. Ancienne porcelaine tendre de Sèvres.

230 — Tasse et soucoupe à décor de fleurs; bordures à fleurs également, sur fond bleu pointillé. Ancienne porcelaine tendre de Sèvres.

231 — Tasse droite et sa soucoupe en ancienne porcelaine tendre de Sèvres, à décor de rinceaux en camaïeu bleu et en couleurs, sur fonds bleu-pâle et blanc.

232 — Deux tasses et soucoupes en ancienne porcelaine tendre de Sèvres, à décor de fleurs en camaïeu rose.

233 — Deux tasses analogues et soucoupes lobées, à décor de fleurs, en couleurs et filets bleus. Ancienne porcelaine tendre de Sèvres.

234 — Tasse-trembleuse et son présentoir en ancienne porcelaine tendre de Sèvres, à décor de fleurs et de zones rose et or sur fond gros bleu. Année 1780.

235 — Tasse cylindrique et sa soucoupe en ancienne porcelaine tendre de Sèvres : bouquet de roses et de bleuets, sur fond marron à œils de perdrix dorés, avec bordures à quadrillés roses, sur fond pointillé bleu chargé de roses. Année 1783. Décor par *Cornaille.*

236 — Tasse droite et soucoupe en ancienne porcelaine tendre de Sèvres; sur la tasse, médaillon contenant la lettre F; fond jaune semé de bleuets. Année 1785.

237 — Petite tasse droite et soucoupe en ancienne porcelaine tendre de Sèvres, à fleurs et filets bleus.

238 — Tasse droite et sa soucoupe en ancienne porcelaine tendre de Sèvres, à décor de petites guirlandes; bordures de vases et rinceaux limités par deux zones à fond bleu-clair. Année 1788. Décor par *Girard.*

239 — Cinq tasses droites avec soucoupes en ancienne porcelaine tendre de Sèvres, à décor de barbeaux.

240 — Petite tasse cylindrique et sa soucoupe en ancienne porcelaine tendre de Sèvres; médaillon de fleurs sur fond pointillé bleu et rouge. Année 1775. Décor par *Noël.*

241 — Tasse mignonnette avec soucoupe, décorée d'une baguette enguirlandée de fleurs en camaïeu bleu. Ancienne porcelaine tendre de Sèvres. Décor par *Taillandier* et *Leré fils.*

242 — Tasse mignonnette et sa soucoupe, décorés de médaillons de paysages avec étroites bordures à fond bleu. Ancienne porcelaine tendre de Sèvres. Année 1780. Décor par *Viellard.*

243 — Tasse mignonnette et sa soucoupe à décor de fleurs en camaïeu rose. Ancienne porcelaine tendre de Sèvres. Année 1758.

244 — Tasse mignonnette, à décor de fleurs. Ancienne porcelaine tendre de Sèvres.

245 — Deux tasses droites et leurs soucoupes en ancienne porcelaine tendre de Sèvres, époque Révolutionnaire, à décor de barbeaux et bordures étroites à fond bleu.

246 — Écuelle ronde et son couvercle en ancienne porcelaine dure de Sèvres, à décor de fleurettes.

247 — Plateau oblong en ancienne porcelaine dure de Sèvres ; bordure de guirlandes de fleurs, couronnes dorées et compartiments pointillés or.

248 — Théière avec couvercle en ancienne porcelaine dure de Sèvres, à semis de fleurs.

249 — Quatorze tasses droites et leurs soucoupes en ancienne porcelaine dure de Sèvres, décors variés, fleurs et lambrequins.

250 — Deux assiettes décorées de roses, en ancienne porcelaine dure de Sèvres.

251 — Trois tasses droites et quatre soucoupes en ancienne porcelaine dure de Sèvres : semis de pois et bordures de rinceaux dorés.

252 — Deux tasses et soucoupes en ancienne porcelaine dure de Sèvres, à décor de fleurs.

PORCELAINES VARIÉES

253 — Sucrier avec couvercle, à décor de fleurs et de rubans. Ancienne porcelaine de Mennecy.

254 — Petit vase à col découpé : décor de fleurs. Ancienne porcelaine tendre française.

255 — Paire de petits vases en ancienne porcelaine tendre française, montés sur fûts de colonne cannelée en bronze.

256 — Sucrier avec couvercle, à décor de rinceaux en bleu et godrons gaufrés. Ancienne porcelaine de Saint-Cloud.

257 — Deux tasses avec présentoirs, à bordures décorées en bleu et godrons gaufrés. Ancienne porcelaine de Saint-Cloud.

258 — Gobelet, décor bleu. Ancienne porcelaine tendre.

259 — Cache-pot cylindrique, décor de fleurs de style japonais. Ancienne porcelaine de Chantilly.

260 — Porte-fleurs décoré d'insectes et chrysanthèmes de style japonais. Ancienne porcelaine de Chantilly.

261 — Assiette décorée en camaïeu rose, vue de port de mer, bordure gaufrée à vannerie. Ancienne porcelaine de Tournai.

262 — Plateau creux à bords contournés à décor de fleurs en camaïeu bleu rehaussé de dorure. Ancienne porcelaine de Tournai.

263 — Deux pièces : Sucrier avec petit plateau et couvercle et pot à lait avec couvercle, à décor de nervures obliques, avec rehauts de dorure. Ancienne porcelaine de Tournai.

264 — Deux assiettes, décor doré, étroite bordure à fond bleu. Porcelaine de Tournai.

265 — Sucrier avec couvercle, salière double, cinq pots à crème, tasse et soucoupe, petit plateau, moutardier, décor varié. Tournai.

266 — Sucrier avec couvercle et plateau décoré de fleurs, marli orné d'insectes et hachures roses. Ancienne porcelaine de Tournai.

267 — Paire de petits vases avec couvercles à sujets champêtres, fond bleu rehaussé d'or. Tournai.

268 — Pot a lait à sujet de bataille, fond jaune. Porcelaine de Tournai.

269 — Deux petits vases sur piédouches, paysages en camaïeu rose. Ancienne porcelaine de Loosdrecht. Marquée : *Mol.*

270 — Deux tasses et leurs soucoupes en ancienne porcelaine de Louisbourg, décor de fleurs.

271 — Petite tasse droite et sa soucoupe en ancienne porcelaine de Hœchst, à décor de guirlandes de fleurs.

272 — Deux vases piriformes, décor bleu de rinceaux fleuris. Chine.

273 — Sept pots a crème avec couvercles, décor de fleurs. Ancienne porcelaine de la Compagnie des Indes.

FAIENCES

274 — Bassin à décor de fleurs sur fond bleu de Perse. Ancienne faïence de Nevers.

275 — Écuelle décorée de fleurs sur fond bleu de Perse. Ancienne faïence de Nevers.

276 — Petit broc à décor de fleurs et oiseaux sur fond bleu de Perse. Ancienne faïence de Nevers.

277 — Petit vase à anses torses : fleurs sur fond bleu de Perse. Ancienne faïence de Nevers.

278 — Quatre petites bouteilles à décor de fleurs en couleurs sur fond bleu de Perse. Ancienne faïence de Nevers.

279 — Deux assiettes à décor d'oiseaux et fleurs en couleurs sur fond bleu de Perse.

280 — Paire de vases à deux anses, décorés de guirlandes de fleurs, en ancienne faïence de Lorraine.

ORFÈVRERIE

281 — Cafetière en argent côtelé en spirale. Chiffrée. XVIIIe siècle.

282 — Petit pot a lait en argent côtelé en spirale, couvercle orné de rocailles. XVIIIe siècle.

283 — Moutardier en argent : cartouche porté par des amours et guirlandes. Époque Louis XVI.

284 — Porte-huilier en argent, à guirlandes de fleurs; tige pyramide. Burettes en cristal gravé. XVIIIe siècle.

285 — Porte-huilier en argent, guirlandes et galerie ajourée; burettes en verre bleu.

286 — Ménagère à deux places en argent, galerie ajourée et guirlandes : récipients en verre bleu.

287 — Petit sucrier à trépied en argent, mascarons et rinceaux. Commencement du XIXe siècle.

288 — Huit cuillères à poignées ornées de bustes et figurines en argent.

289 — Deux bracelets en or ajouré.

PENDULES

290 — Pendule sur socle-applique en écaille incrustée de cuivre, garnie de bronzes : figurine d'amour, figure allégorique, chutes, etc. Cadran signé : *Marche à Rouen*. XVIIIe siècle.

291 — Petite pendule sur socle-applique en écaille incrustée de cuivre, garnie de bronzes. Cadran au nom de *Martinot à Paris*.

292 — Pendule à cadran tournant en bronze doré, composée d'une sphère céleste en bronze verni contenant le mouvement, et accostée de deux figurines d'amours, dont l'un tient une flèche indiquant les heures : base ajourée ornée de rosaces et portant le nom : *Hanri Voisin à Paris* (*sic*). Époque Louis XVI.

293 — Pendule du temps de Louis XVI en bronze doré, décorée d'une figurine de l'amour messager et surmontée d'un vase de fleurs. Contre-socle en marbre blanc, orné d'une frise en bronze doré d'amours musiciens.

294 — Petite pendule du temps de Louis XVI en marbre blanc et bronze doré, surmontée d'un vase de flammes et accostée de cornes d'abondance. Cadran signé : *Viger à Paris*.

295 — Pendule-cage du temps de Louis XVI en bronze doré et marbre blanc, à décor de guirlandes. Cadran signé : *Ballet, Paris.*

296 — Petite pendule du temps de Louis XVI en bronze doré et marbre blanc : cariatides et amours. Cadran signé : *Festeau à Paris.*

297 — Pendule-borne surmontée d'un vase enguirlandé en marbre blanc et bronze. Cadran signé : *François à Paris.* Époque Louis XVI.

298 — Petite pendule en bronze surmontée d'un vase de flammes. Cadran signé : *Martin à Paris.* On lit au dos le nom de *Saint-Germain.*

299 — Régulateur en chêne sculpté orné de motifs rocaille, de volutes et d'un mascaron; cadran en cuivre gravé, signé : *Marche à Rouen.* xviiie siècle.

BRONZES

300 — Paire de candélabres à trois lumières en bronze et marbre blanc. Modèle à vase et trépied à têtes de béliers; bouquet de lumières à volutes et thyrse. Époque Louis XVI.

301 — Paire de candélabres à trois lumières, du temps de Louis XVI, composés d'une statuette d'amour en bronze patiné tenant le bouquet de lumières en bronze doré, et sur fût de colonne cannelée également en bronze doré.

302 — Paire de candélabres à trois lumières, formés chacun d'un vase en marbre blanc à anses à têtes d'aigles, garnitures et bouquet de lumières à fleurs en bronze doré. Époque Louis XVI.

303 — PAIRE DE CANDÉLABRES du temps de Louis XVI, à deux lumières, en bronze doré, tige cannelée et enguirlandée, vase de flammes entre les deux lumières.

304 — PAIRE DE FLAMBEAUX du temps de Louis XVI, en bronze doré, formés d'une figurine d'Amour debout sur base cylindrique en marbre rouge griotte.

305 — PAIRE DE FLAMBEAUX-COLONNETTES du temps de Louis XVI, en bronze doré, à décor de cannelures rudentées et de guirlandes de laurier.

306 — PAIRE DE FLAMBEAUX du temps de Louis XVI, en bronze et marbre blanc.

307 — PAIRE DE FLAMBEAUX-BALUSTRES en bronze, décorés de trois mascarons, XVIIIe siècle.

308 — PAIRE DE FLAMBEAUX à deux lumières en dinanderie.

309 — PETIT MIROIR, dans un cadre en bronze, à feuillages et volutes.

310 — FONTAINE ET BASSIN en cuivre rouge du XVIIIe siècle, avec support-applique en chêne sculpté à fleurettes.

SIÈGES

311 — DEUX CHAISES cannées, en bois sculpté, Époque Régence.

312 — DEUX PETITS FAUTEUILS cannés, variés, en bois sculpté, XVIIIe siècle.

313 — FAUTEUIL canné du temps de Louis XV, en bois sculpté à motifs rocaille.

314 — Six fauteuils du temps de Louis XVI, en bois sculpté et doré à cannelures, entrelacs et guirlandes, couverts en damas rouge.

315 — Huit chaises en bois sculpté, dossiers à arcade et colonnettes, sièges en tapisserie au point, XVIIIe siècle.

316 — Chaise en bois sculpté, dossier à coquille et feuillages, siège en tapisserie au point.

317 — Deux chaises en bois sculpté, dossiers à motifs rocaille et montants ondulés, sièges en tapisserie au point, XVIIIe siècle.

318 — Petit fauteuil canné, en bois sculpté, à coquille et fleurettes, XVIIIe siècle.

319 — Banquette oblongue en bois sculpté, à quatre pieds griffes.

320 — Chaise en bois sculpté, à dossier ajouré, à fleur de lis.

321 — Fauteuil en bois sculpté, dossier décoré d'une perpective architecturale.

322 — Fauteuil en bois sculpté, à dossier orné d'un cartouche

MEUBLES

323 — Meuble en noyer sculpté du XVIe siècle, muni de trois portes à deux vantaux superposées et séparées par des tiroirs : décor d'allégories des saisons et de grotesques, avec pendentifs, cariatides et colonnettes aux angles.

324 — Coffre en bois sculpté et incrustations de bois de couleur à décor de rosaces dans des compartiments en forme de losange, encadrés de feuillages : le dessus offre une allégorie du Jugement dernier. Fin du XVIe siècle.

325 — Lit a baldaquin en bois sculpté, décoré de panneaux Renaissance, à décor de bustes, chimères, oiseaux, vases et armoiries.

326 — Petit meuble Renaissance à deux corps en bois sculpté, décoré sur les quatre vantaux, de figures mythologiques : colonnettes aux angles.

327 — Meuble à deux corps en bois, décor de colonnettes et moulures.

328 — Meuble Louis XIII, en bois sculpté, à deux portes sur console à fond plein, à deux tiroirs et pieds-cariatides : les portes sont ornées de personnages dans des niches et la corniche est décorée de draperies et d'un mascaron.

329 — Grande armoire Régence à deux portes, en chêne sculpté, à décor de mascarons, fleurs et entrelacs.

330 — Meuble Régence, à hauteur d'appui, à deux portes en bois de placage. Dessus de marbre brocatelle d'Espagne.

331 — Table tric-trac Régence, en bois, décorée de mascarons en bronze doré.

332 — Petite table de dame du temps de Louis XV, en bois de rose, à un tiroir avec tablette d'entrejambes. Dessus de marbre brèche d'Alep.

333 — Table de nuit du temps de Louis XV en bois de rose et filets de bois de violette, fermant à coulisse et contenant trois tiroirs, l'un d'eux formant bureau : galerie de cuivre. Dessus de marbre.

334 — Petite table de dame ovale du temps de Louis XV, en bois de rose; dessus de marbre blanc; galerie de cuivre.

335 — Meuble du temps de Louis XV à hauteur d'appui à deux portes, en forme de commode, en marqueterie et bois de couleur à fleurs, chutes en bronze. Dessus de marbre brèche d'Alep.

336 — Commode à deux tiroirs en marqueterie en bois de couleur à décor de rinceaux fleuris; chutes, poignées, cul-de-lampe en bronze. Dessus de marbre. Époque Louis XV.

337 — Petite commode du temps de Louis XV, à deux tiroirs en bois de placage à fleurs, chute en bronze; dessus de marbre ranz.

338 — Commode du temps de Louis XV, à deux tiroirs en marqueterie de bois de couleur à branches fleuries, chutes et poignées de bronze. Dessus de marbre brèche d'Alep.

339 — Petite commode du temps de Louis XV, à deux tiroirs en bois de placage, garnie de bronzes. Dessus de marbre ranz.

340 — Petite commode à deux tiroirs, en marqueterie de bois de rose et de violette, garnie de chutes et encadrements à motifs rocaille. Tablette de marbre brèche d'Alep. Époque Louis XV.

341 — Table-bureau oblongue du temps de Louis XV, en marqueterie de bois de couleur, dessus et tablette d'entrejambes à décor de fleurs. Elle contient une tablette mobile et un tiroir; garnitures de bronze.

342 — Bureau a dos d'ane en marqueterie de bois de couleur à fleurs. Époque Louis XV.

343 — Table de nuit du temps de Louis XV, en bois de rose. Dessus de marbre brèche d'Alep.

344 — Table-bureau du temps de Louis XV en bois de rose, à tiroir et tablette mobile.

345 — Bureau a dos d'ane du temps de Louis XV, en bois de placage.

346 — Table-bureau ovale du temps de Louis XV, en marqueterie de bois de couleur à entrelacs, contenant trois tiroirs superposés, le tiroir supérieur formant bureau : tablette d'entrejambes : dessus marqueté à dessin carrelé : galerie de cuivre.

347 — Petit bureau de forme ovale, en bois de rose et filets de bois de violette et de citronnier, corps supérieur à casier, corps inférieur à tiroir, avec tablette d'entrejambes et dessus de marbre : galerie de cuivre. Fin de l'époque Louis XV.

348 — Table-bureau de dame de forme contournée, en bois de placage à décor d'ustensiles et vases de fleurs de style chinois : elle contient quatre tiroirs superposés dont trois intérieurs masqués par une fermeture à coulisse : tablettes d'entrejambes : garniture de bronze, chutes et frise à entrelacs. Fin de l'époque Louis XV.

349 — Armoire à hauteur d'appui, en noyer sculpté à moulures, XVIIIe siècle.

350 — Petite table en chêne sculpté Louis XV, à un tiroir : décor de motifs rocaille et fleurettes.

351 — Armoire à deux corps fermant chacun à une porte, en chêne sculpté : décor de fleurs de lis et motifs rocaille. Époque Louis XV.

352 — Petit meuble du temps de Louis XVI, à hauteur d'appui, à une porte, avec tiroirs intérieurs, en acajou : dessus de marbre.

353 — Secrétaire droit à abattant, portes et tiroirs en acajou et filets de cuivre. Dessus de marbre blanc. Époque Louis XVI.

354 — Console demi-lune du temps de Louis XV, à un tiroir avec tablettes d'entre-jambes en acajou, garnitures de bronze, dessus de marbre blanc.

355 — Meuble-toilette du temps de Louis XVI en marqueterie de bois de couleur, à tiroirs; garnitures de bronze, dessus et tablette de marbre blanc; miroir mobile.

356 — Table-Tronchin en acajou du temps de Louis XVI.

357 — Grande armoire du temps de Louis XVI en chêne sculpté à guirlandes de fleurs, feuilles d'acanthe et oves.

358 — Table ronde du temps de Louis XVI, en acajou, garnie de rudentures et cordons de perles en bronze.

359 — Très belle table du temps de Louis XVI, en acajou.

360 — Petit meuble-toilette en acajou à tiroir; dessus de marbre blanc et miroir.

361 — Meuble-toilette du temps de Louis XVI, en acajou, à tiroirs; dessus et tablette de marbre blanc, fond de glace.

362 — Meuble-vitrine en bois de rose, garni de bronzes.

363 — Meuble-vitrine en bois sculpté, à motifs rocaille.

364 — Meuble-vitrine en bois de placage, garni de bronzes.

365 — Petite table en bois sculpté à un tiroir, ceinture ornée de rinceaux; pieds reliés par des traverses.

366 — Petite commode à deux tiroirs, en bois de placage, garnie de bronzes, dessus de marbre.

367 — Guéridon en acajou, dessus de marbre blanc.

www.ingramcontent.com/pod-product-compliance
Ingram Content Group UK Ltd.
Pitfield, Milton Keynes, MK11 3LW, UK
UKHW021543260726
13993UKWH00002B/600